# Vino, Vida y Alegría

*Su pasaporte educacional al mundo del vino*

Athena Yannitsas

Publisher: Athena Yannitsas
Library of Congress Control Number: 2013923716
ISBN: 978-0-9895399-0-6

First Edition
Printed by CreateSpace, an Amazon.com company
Available from Amazon.com and other retail outlets

Cover design: Bestem Büyüm / www.bestembuyum.com
Layout and formatting design: Andrea Restrepo / www.projectyourimage.com
Editing: Mario A. Martí-Brenes

# DEDICACIÓN

A mi mamá, Lydia, y a mi papá, Nikos,
por su interminable amor y apoyo
en todos los momentos de mi vida y en la eternidad.

# INDICE

# AGRADECIMIENTOS

Estoy agradecida a todas aquellas personas en el fascinante y apasionado mundo del vino que me han brindado su conocimiento, inspiración y amistad. Por su aporte fundamental a mi carrera en el mundo del vino, quisiera dar reconocimiento a June Blank, Marc Burns y Patrick "Chip" Cassidy. Ofrezco un agradecimiento especial a Linda Astrid Farrell por su muy destacada contribución a la realización de este libro.

Aprovecho esta ocasión para alzar una copa en honor a todas mis amistades en diversos lugares del mundo con quienes he compartido vino, vida y alegría a través de los años.

# INTRODUCCIÓN

A diferencia del ser humano que pasa el tiempo preguntándose, "¿cual es el propósito de mi vida?" o "¿por qué estoy en este planeta?," el propósito de la vida del vino es obvio: ser consumido y disfrutado.

Cada botella de vino tiene su propio destino. Una vez embotellado, el vino sigue vivo, evolucionando dentro de la botella. Puede tener una vida corta o larga o puede deteriorarse y fallecer dentro de la botella si es victima de un almacenamiento prolongado o de un manejo indebido.

Al obtener posesión de una botella de vino, usted se vuelve responsable de su destino. Para guiar la botella por buen camino y disfrutarla al máximo es aconsejable tener una base de conocimiento que le permitirá formar decisiones acertadas.

*Vino, Vida y Alegría* le ofrece una instrucción básica de vinos de manera fácil, sencilla y sin complicaciones. Su tarea es clara y concisa: utilizar la información adquirida en este libro para realzar y ampliar su entendimiento sobre el vino, y compartir su entusiasmo con otros.

Afortunadamente, el camino de novato a experto de vinos está pavimentado de aromas y gustos deliciosos. A través de la degustación de vinos, puede descubrir nuevos horizontes y viajar alrededor del mundo desde la comodidad de su casa o desde un restaurante del vecindario.

Durante el proceso de aprendizaje descubrirá que su paladar y preferencias son únicas para usted. Además, obtendrá la confianza de valorar su opinión personal acerca de los vinos sin dejarse intimidar por el criterio de personas auto-calificadas como "expertos."

El vino merece ser respetado ya que el trabajo de llevar a cabo su creación es arduo, lento y sacrificado, pero no se beneficia de ser venerado en un altar, ya que esto crea una distancia entre usted y él. Aunque pareciera que el vino es un concepto elitista, "solo para expertos" y está rodeado de mitos, en realidad… el vino quiere ser su amigo.

¡Brindemos por la vida, con vino y alegría!

# 1. DEL CAMPO A LA BOTELLA

*Viticultura*: la ciencia, arte y técnica cultivar viñas

La viña es una planta perenne que puede permanecer en producción muchísimos años, pasando por un ciclo anual de hibernación, floración y madurez. Cada año se cosechan las uvas, y después la viña empieza otro ciclo anual.

> cosecha = vendimia = añada  (inglés: *harvest* / francés: *vendange*)

Una viña puede durar hasta 120 años, en dependencia de la variedad de uva. Después de los primeros 20 años, la viña produce menos uvas, resultando en vinos más intensos y concentrados. Por eso las viñas viejas se consideran ideales para producir vinos de alta calidad.

> uva = cepa = cepaje  (inglés: *grape* o *varietal* / francés: *cepage*)
> viña = vid = parra = planta de uvas  (inglés: *vine* o *grapevine* / francés: *vigne*)

## Hemisferio norte y hemisferio sur

La viña crece alrededor del mundo en áreas templadas entre 30° y 50° grados de latitud al norte y 30° y 50° grados de latitud al sur de la línea ecuatorial.

- El hemisferio norte incluye Norteamérica, Europa y la zona del Mediterráneo.
- El hemisferio sur incluye Argentina, Chile, Uruguay, Sudáfrica, Australia y Nueva Zelanda.

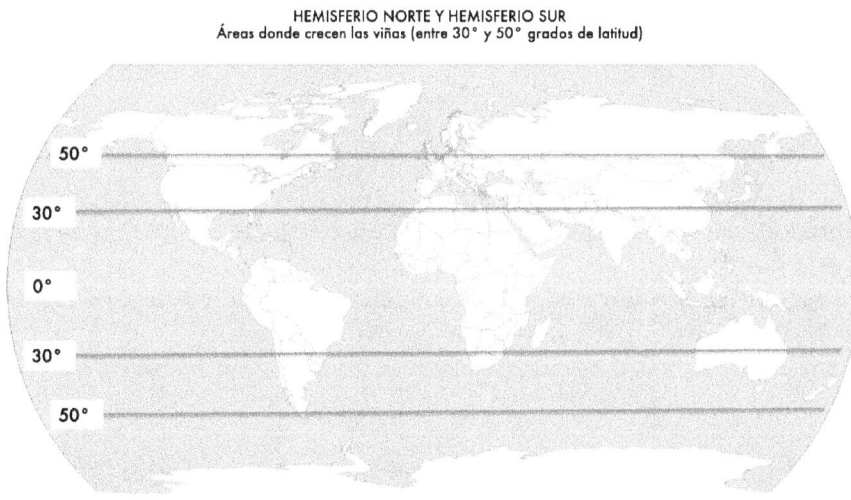

HEMISFERIO NORTE Y HEMISFERIO SUR
Áreas donde crecen las viñas (entre 30° y 50° grados de latitud)

La diferencia más destacada entre el hemisferio norte y hemisferio sur es que las estaciones de tiempo ocurren a la inversa. Cuando hay invierno en el hemisferio norte es verano en el hemisferio sur: mientras unos patinan sobre hielo en Italia, otros practican surf en las playas de Chile. Esto significa que las vendimias ocurren a diferentes tiempos.

- La mayoría de las vendimias en el hemisferio norte tienen lugar entre agosto y octubre.
- La mayoría de las vendimias en el hemisferio sur tienen lugar entre febrero y abril.

Esto significa que un vino argentino con una fecha de vendimia 2010 es seis meses mas "viejo" que un vino francés de la misma vendimia.

## Variedades de Uvas

La especie de viña más importante para la producción de vinos es *Vitis Vinífera*, procedente de Europa. Hay cientos de variedades de uvas que pertenecen a la especie *Vitis Vinífera*, aunque solamente alrededor de 50 son utilizadas para la mayoría de los vinos.

La especie *Vitis Labrusca*, procedente de Norteamérica, se utiliza principalmente para uvas de mesa aunque también se usa para elaborar vinos.

Ciertas variedades de uva crecen mejor en determinados terrenos y climas.

## Factores que afectan la viña

La viña es afectada por el suelo y clima de la área donde está plantada.

- Clima

El clima de una región se compone de varias condiciones incluyendo la cantidad y frecuencia de las lluvias, el nivel de humedad, la tasa de evaporación, la temperatura diurna y nocturna, y los vientos.

Los extremos nunca son beneficiosos. Cuando cae demasiada lluvia, especialmente durante la cosecha, las uvas se llenan de agua y empiezan a pudrirse. Al otro extremo, la falta de agua impide el crecimiento sano de la viña y sus uvas.

- Suelo

¿Sabía usted que las viñas crecen mejor si sufren un poco de estrés? Cuando la viña se ve forzada a buscar agua bajo tierra, sus raíces crecen a mayor profundidad. Esto fortalece la viña y la ayuda a extraer sustancias minerales del suelo tales como hierro, fósforo, potasio, magnesio, calcio y otros. Cada uno de estos minerales aporta elementos gustativos al vino.

Los mejores viñedos son aquellos que están ubicados en laderas de montañas o colinas, lo que permite el drenaje y flujo rápido de agua cuando llueve. Los viñedos en suelo plano no tienen esta ventaja; el agua se puede acumular, y si no se evapora dentro de un tiempo, puede causar el pudrimiento de las uvas.

## Suelo + Clima =Terroir

*Terroir* es un término francés que puede ser traducido como "terruño." Un *terroir* es un área geográfica específica compuesta del clima y terreno. Cada *terroir* es único y no se puede reproducir fuera de si mismo.

Las diferencias de un *terroir* a otro incluyen la altitud del viñedo, la orientación al sol, la composición del suelo, la exposición al sol, el clima, y otros factores.

Al plantar una misma variedad de uva en distintos *terroir* se obtienen vinos con diferentes cualidades.

# Rendimiento

El rendimiento es un factor clave de calidad. Un rendimiento bajo (menos producción) nos ofrece un vino concentrado. Un rendimiento alto (más producción) conduce a un vino diluido.

> Mientras MENOS uvas se producen por superficie, MEJOR la calidad del vino.

Muchos países de Europa imponen limitaciones de rendimiento dentro de sus áreas vinícolas, ofreciendo una base minima de calidad.

El rendimiento de las viñas mide su productividad dentro de una superficie. Existen dos medidas comunes de rendimiento:

### 1. Volumen de vino producido por superficie de viñedo
El rendimiento en Europa y Suramérica se mide en volumen de vino, y se describe en hectolitros por hectárea (hl/ha).

### 2. Cantidad de uvas producidas por superficie de viñedo
El rendimiento en Norteamérica, Australia, Nueva Zelanda y Sudáfrica se mide por cantidad de uvas, y se describe en toneladas por acre (TPA).

Medidas (aproximadas):

1 hectolitro de uvas por hectárea (hl/ha) = .0741 toneladas de uvas por acre (TPA)

1 tonelada de uvas por acre (TPA) = 13.5 hectolitros por hectárea (hl/ha)

➤ *PUNTO CLAVE: 3.7 toneladas por acre (TPA)= 50 hectolitros por hectárea (hl/ha)*

Por encima de esta cifra, el rendimiento comienza a ser alto. Por debajo de esta cifra, el rendimiento comienza a ser bajo.

➤ **¿Cuántas uvas en una copa de vino?**

### Rendimiento promedio

Aproximadamente 75 uvas por racimo

5 racimos de uvas = 1 botella de vino (750 ml)

1 botella = 5 copas de vino (150 ml por copa)

1 racimo de uvas = 1 copa de vino

# Enfermedades y plagas

El cultivo de uvas es una tarea ardua y constante; esta obliga al viticultor a vigilar y proteger las viñas de una gran variedad de enfermedades y plagas que incluye bacterias, virus, insectos, hongos y moho. Históricamente, una de las plagas más graves ha sido la filoxera.

> *filoxera*: un insecto parásito que ataca la viña por sus raíces, dejándolas totalmente secas al cabo de un tiempo.

Alrededor de 1860 la filoxera empezó a causar daños en los viñedos de Francia y el resto de Europa. Eventualmente la plaga de filoxera se extendió por todo el mundo.

La solución a este problema fue injertar raíces de viña de origen norteamericano (naturalmente resistentes a la filoxera) a las raíces de viña europeas. Esto salvó la industria vinícola de Europa y el mundo, que continua utilizando raíces injertadas.

Algunas regiones en Chile, Chipre y la isla griega de Santorini aún no han sido afectadas por filoxera, y utilizan viñas europeas originales.

## Elaboración básica de vinos

*Enología:* la ciencia, arte y técnica de producir vinos.

## Cosecha ¿a mano o a máquina?

La cosecha (vendimia) de uvas puede hacerse a mano o a máquina.

> *A mano*

Cosechar las uvas a mano es un proceso selectivo, ya que a simple vista se pueden eliminar uvas podridas o inmaduras.

La cosecha a mano utiliza cajas o cestos pequeños para las uvas, lo cual es mejor que usar contenedores grandes. Cuando las uvas se guardan en grandes contenedores, el peso de las uvas de encima aplasta a las de abajo; esto puede causar pudrimiento y a la vez puede provocar la fermentación prematura de las uvas. Por eso es preferible transportar las uvas en cajas o cestos pequeños, que distribuyen mejor el peso de las uvas.

La cosecha a mano es más detallada y laboriosa, lo cual conduce a una mejor calidad de vino y por tanto, un costo adicional de la mano de obra.

> *A máquina*

La cosecha a máquina es más rápida, ya que sacude la viña y simultáneamente recoge las uvas mientras caen. Este método no permite distinguir entre las uvas buenas y las de calidad inferior. Las uvas son transportadas en grandes contenedores, lo cual puede dañarlas.

La cosecha a maquina solo puede tomar lugar en viñedos situados en superficies planas o ligeramente onduladas.

En viñedos en las montañas o laderas es imposible utilizar máquinas y la cosecha a mano es obligatoria.

En su mayoría, los productores de vino de gran calidad cosechan a mano.

> *La fecha que aparece en la etiqueta de una botella*
> *siempre indica el año en que se cosecharon las uvas (vendimia)*

## Surtido, molienda y fermentación

Después de ser cosechadas, las uvas son transportadas rápidamente a la bodega, con extremo cuidado para que las pieles no se rompan durante el trayecto.

Al llegar a la bodega, las uvas se vuelcan sobre una mesa de surtir y luego sobre una máquina despalilladora. Esta máquina remueve los palillos (también conocidos como raspones o escobajos) de las uvas.

Seguidamente, las uvas pasan a la molienda, el proceso de romper el grano de la uva para extraer el jugo. En dependencia del tipo de vino deseado, las uvas son prensadas o estrujadas. El jugo, llamado mosto, pasa a la próxima etapa: la fermentación.

Para empezar el proceso de fermentación se agrega levadura al mosto. Durante este periodo de fermentación los azúcares del mosto se convierten en alcohol.

## ¿De dónde proviene el color del vino?

Generalmente, el color del vino proviene de la piel de la uva y no de la pulpa.

- La mayoría de los vinos blancos se producen fermentando el mosto sin las pieles a temperaturas bajas durante un periodo de entre dos a seis semanas.

- La mayoría de los vinos rosados se producen fermentando el mosto junto con las pieles por un tiempo breve hasta obtener el tono de rosado deseado. Al llegar a esa etapa, se remueven las pieles y continúa la fermentación al igual que para los vinos blancos.

- La mayoría de los vinos tintos se producen fermentando el mosto junto con las pieles a temperaturas altas durante aproximadamente una semana, lo cual extrae el color tinto. Al final de la fermentación se remueven las pieles y queda solo el mosto.

## ¿Qué son taninos?

Las pieles de las uvas contienen taninos, los cuales extienden la vida del vino. Por eso los vinos tintos pueden añejarse por más tiempo que los vinos blancos.

Los taninos son compuestos naturales que proceden de la piel, pepita y raspón de la uva. También se encuentran en la madera de los árboles y en las barricas de roble donde se guarda el vino.

- o Funcionan como un conservante natural, prolongando la vida del vino
- o Crean una sensación de aspereza o sequedad en la boca
- o Se disuelven lentamente a través del tiempo, suavizándose en el proceso

La mayoría de los vinos tintos contienen taninos, ya que se fermentan con las pieles y se crían en barricas de roble, lo cual les añade más taninos. Los vinos blancos en general contienen menos taninos.

Entre los consumidores hay quienes aprecian los taninos y la sensación de sequedad o aspereza que producen, y hay quienes prefieren vinos sin taninos.

## Almacenamiento y embotellamiento

Al terminarse la fermentación, se determina el periodo de guarda y el contenedor (barril o tanque de acero inoxidable), en dependencia del resultado deseado.

Antes de ser embotellado, el vino es filtrado y clarificado para remover cualquier partícula sólida; de esa forma se obtiene un vino límpido.

> **Mito:** Los "sulfitos" (inglés: *sulfites*) en los vinos conducen a dolores de cabeza.
>
> **Realidad:** Los sulfitos son un producto natural que ofrece una acción antioxidante y antiséptica que protege de las bacterias. Están presentes en los vinos, jugos de fruta, nueces, encurtidos, frutas secas, y muchos otros productos. Estados Unidos es el único país que obliga imprimir el texto "CONTAINS SULFITES" sobre las botellas de vino. Solo una pequeña parte de la población (que sufre de ciertos tipos de asma) es susceptible a los sulfitos.

## Vinos ecológicos, orgánicos, biológicos y/o biodinámicos

Vinos elaborados sin el empleo de productos químicos tales como fertilizantes, insecticidas o pesticidas industriales. Además de no ser nocivos para la salud, las técnicas usadas para estos vinos preservan el medio ambiente y ayudan al suelo a mantener sus propiedades naturales.

# 2. LOS CARPINTEROS DEL VINO

## Madera + Vino = Muy Fino

Después de la fermentación — un proceso alterante que transforma el azúcar en alcohol — el vino nuevo se encuentra en un estado "alborotado" y necesita reposar... igual que un bebé. Puede descansar en un tanque de acero inoxidable (contenedor neutro) o en un barril de roble.

> barril = barrica = tonel

Muchos vinos, especialmente los tintos, reciben una temporada de maduración en barriles de roble.

> madurar = añejar = envejecer = guardar = almacenar = criar

## ¿Cuál es el propósito de añejar el vino en roble?

### 1. *El roble puede influenciar el aroma, gusto y la textura del vino*

Al pasar una temporada en barril, el vino absorbe elementos gustativos que se transforman con el paso del tiempo. En dependencia del tipo de roble y el grado de tostado, los barriles transmiten una variedad de sabores al vino:

- coco
- especies
- vainilla
- cuero nuevo
- pan tostado
- regaliz
- humo/ceniza

### 2. *El roble imparte taninos al vino*

Los taninos prolongan la vida del vino y agregan una sensación de aspereza o sequedad muy apreciada por algunos consumidores.

## De tal roble, tal barril

El enólogo debe tomar decisiones tanto técnicas como económicas acerca del tipo de barril que desea usar, ya que este tendrá una influencia importante sobre el gusto del vino — y su precio.

La mayoría de los barriles de roble provienen de árboles de Francia y Estados Unidos.

### Roble francés

El roble francés proviene de los bosques Nevers, Tronçais, Vosges, Allier y otros, donde los árboles crecen lentamente, asegurando una estructura firme. El roble francés es más prestigioso porque imparte al vino las cualidades de madera de una manera sutil y delicada. El precio promedio de un barril de roble francés es US$750 (2012).

### Roble americano

La mayoría del roble americano proviene de bosques situados en Missouri, Minnesota, Pennsylvania, Virginia y Oregon. El roble americano impacta de manera intensa y rápida al vino, lo que obliga al enólogo a ejercer más cuidado en el manejo del vino. Si el vino absorbe taninos excesivos, presentará un exceso de aspereza en el paladar y un gusto a madera demasiado fuerte, lo cual opaca las demás cualidades del vino. Un barril de roble americano cuesta alrededor de US$300 (2012).

## Elaboración y utilización del barril

Durante el proceso de fabricación de un barril, se tuesta el interior sobre fuego. El grado de tostado imparte gustos y sabores de mayor o menor intensidad al vino.

El tamaño del barril juega un rol: mientras más pequeño el barril, más penetración de gusto de roble y taninos al vino.

Cuando el barril es utilizado por primera vez, el vino absorbe el efecto de roble de manera más intensa. El efecto del roble sobre el vino se va diluyendo a través del tiempo.

La vida útil de un barril típicamente dura 5 años, después del cual queda muy poca esencia.

Después de 5 años, se puede prolongar la utilidad del barril cortándolo en trozos, o *chips*, exponiendo partes internas del roble. Los *chips* pueden introducirse al vino dentro de tanques de acero inoxidable, lo cual imparte de nuevo un toque de roble al vino. Esta práctica, usada frecuentemente en Australia, Nueva Zelanda y Estados Unidos, era prohibida en la Unión Europea hasta el año 2006.

*Para más información:*

Asociación de Tonelerías de Francia    www.tonneliersdefrance.fr

# 3. EL CORCHO Y SUS COMPETIDORES

**¿De dónde viene el corcho natural?**

El corcho proviene de la corteza del árbol alcornoque, el cual debe tener por lo menos 25 años de edad antes de extraerle la corteza por primera vez.

Una vez extraída la corteza del árbol, esta se renueva en aproximadamente 10 años. Un alcornoque puede llegar hasta la edad de 200 años, lo cual indica que la corteza puede ser "cosechada" entre 15 y 17 veces durante su vida.

Portugal es el primer país productor de corcho del mundo, seguido por España.

*Ventajas del corcho natural*

- La eficiencia del corcho natural en el proceso de añejamiento de vinos a largo plazo ha sido comprobada a través de los siglos. Es el método más seguro para vinos que requieren añejamiento a larga duración.

- La cosecha de corcho es ecológica y beneficiosa para el medio ambiente, ya que es renovable.

- El corcho natural requiere menos energía para producirse. En comparación, la elaboración de corchos sintéticos produce entre 10 y 24 veces más gases contaminantes que el corcho natural.

*Desventajas del corcho natural*

- Se estima que entre un 2% y 7% de vinos con corchos naturales presentan problemas de contaminación microbiológica con TriCloroAnsol (TCA). Esto induce al vino un olor a periódico mojado, aunque a veces el nivel es tan sutil que es prácticamente indetectable.

- El corcho natural es susceptible al calor y al frío. Los cambios bruscos de temperatura hacen que el corcho se contraiga y expanda, lo cual introduce aire al vino. Al paso de un tiempo expuesto continuamente al aire, el vino se vuelve avinagrado.

> **Mito:** Para saber si el vino esta dañado hay que oler el corcho.
>
> **Realidad:** El corcho huele a corcho. Oler el corcho es un acto inútil que no indica nada sobre las cualidades del vino. En cambio, si el vino huele a corcho ¡eso si indica un problema!

## ¿Adiós, corcho?

Los competidores del corcho natural están acelerando su presencia en el mercado. Las alternativas más comunes son el corcho sintético y el tapón de rosca de aluminio (inglés: *screwcap*).

### Ventajas del corcho sintético

- Elimina la posibilidad de que el vino sea afectado por TCA.
- No se quiebra ni despedaza.
- No requiere guardar el vino acostado.

### Desventajas del corcho sintético

- Ya que no es flexible, puede permitir que el aire entre en la botella.
- A veces se dificulta abrir la botella o volverla a cerrar.
- No es biodegradable, ni es beneficioso para el medio ambiente.
- Su eficacia para los vinos que se guardan por 20, 30 o 50 años aún no está comprobada. Hasta el momento, solo se ha comprobado su eficacia en algunos vinos embotellados en los últimos 15 años, especialmente los blancos.

### Ventajas del tapón de rosca de aluminio

- Elimina la posibilidad de que el vino sea afectado por TCA.
- Reduce variación entre botellas.
- Preserva la frescura del vino y sus cualidades afrutadas.
- Es hermético y no permite la entrada o salida de aire o vino.
- No requiere guardar el vino acostado.
- No requiere sacacorchos u otros implementos/accesorios.
- No requiere de fuerza o adiestramiento para abrir.
- Se puede volver a cerrar fácilmente.

### Desventajas del tapón de rosca de aluminio

- Su eficacia para los vinos que se guardan por 20, 30 o 50 años aun no está comprobada. Solo se ha comprobado su eficacia en vinos embotellados en los últimos 15 años, especialmente los blancos.
- No es biodegradable, ni es beneficioso para el medio ambiente.

*Para más información:*

| | |
|---|---|
| *Cork Quality Council* | *www.corkqc.com* |
| *Asociacion Portuguesa de Corchos* | *www.realcork.org* |
| *100% Cork Petition* | *www.100percentcork.org* |
| *Screwcap Inititative* | *www.screwcapinitiative.com* |

# 4. EL VINO A TRAVÉS DEL TIEMPO

El añejamiento del vino funciona mejor a un paso lento. Cualquier intento de apresurar el proceso es en vano — y hasta contraproducente. Los cambios rápidos y acelerados no son beneficiosos para el desarrollo del vino. Al contrario de nuestras vidas de ritmo acelerado y comunicaciones instantáneas, en el mundo del vino reina la lentitud.

## Principales factores que afectan el añejamiento del vino

- *Rendimiento de las viñas*
  Mientras menor el rendimiento, más concentrado el vino y más lento el proceso de añejamiento.

- *Variedad de uva*
  Ciertas variedades de uva tienen más capacidad de longevidad que otras.

- *Tamaño de la botella*
  Mientras más pequeña la botella, más rápido envejece el vino. Mientras más grande la botella, más lento el proceso de envejecimiento.

- *Condiciones de guarda*
  Las condiciones ideales para una lenta maduración incluyen un lugar oscuro y tranquilo con una temperatura estable entre 45° y 60° F (7° y 15° C), siendo 55° F (13° C) la temperatura óptima.

- *Acidez en los blancos y taninos en los tintos*
  Los taninos funcionan como un conservante natural, prolongando la vida del vino. La acidez en los vinos blancos funciona de manera similar.

---

**Mito:** Mientras más añejo el vino, mejor.

**Realidad:** Solo aquellos vinos excepcionales con capacidad de maduración pueden evolucionar de manera beneficiosa durante un largo periodo de tiempo adicional.

---

## Los cambios que ocurren al vino a través del tiempo

Al igual que el ser humano, el vino envejece. A diferencia del ser humano, el vino no necesita hacer ejercicio ni ponerse a dieta para prolongar su juventud y prevenir un añejamiento temprano. Al contrario, el vino se beneficia de un total reposo en condiciones óptimas.

¿Cómo podemos distinguir si un vino está en su etapa de adolescente, adulto, crisis de media vida, madurez o simplemente pasado de edad?

### Vino tinto

- *Color*: Al comienzo es rojo púrpura; se vuelve rojo cereza; pasa por teja rojiza, y por ultimo empieza a tornarse marrón cuando está en decaída. El color del vino se vuelve más claro con el tiempo.

- *Aromas:* Se vuelven más complejos.

- *Gusto*: Al derretirse los taninos con el tiempo, el vino se vuelve menos áspero y más sedoso en la boca.

### Vino blanco (seco)

- *Color:* Se vuelve más oscuro con el tiempo, de amarillo pálido a oro. Luego se vuelve dorado, y pasa a color ámbar hasta llegar a cobre. De ámbar a cobre está en decaída.

- *Aromas:* Con el tiempo se desvanecen y comienzan a oxidarse.

- *Gusto:* Con el tiempo se vuelve insípido al desvanecerse la acidez.

## Las edades del vino

Cada vino tiene su propia "línea de vida." La mayoría de los vinos en el mercado (entre un 90% y 95%) están destinados a ser consumidos dentro de 1 a 5 años. Desafortunadamente muchas personas guardan las botellas por años creyendo que el vino va a mejorar. Al abrir la botella, descubren un vino oxidado o hasta avinagrado.

Los vinos tintos que provienen de ciertas uvas robustas (tales como Cabernet Sauvignon), de viñas viejas, de *terroirs* específicos, y los cuales han sido guardados condiciones óptimas pueden mejorar durante varios años...aunque estos también llegan a su decaída.

Hay algunos vinos que pueden durar hasta 10 años, y otros — muy pocos — que pueden alcanzar 20 años o más.

Lo cierto es que el vino añejo no siempre es bienvenido por el consumidor. Aunque un vino añejo gana algunos atributos con el tiempo (se vuelve más suave, menos tánico y adquiere una integración de gustos y aromas), a la vez que pierde el carácter vigoroso y exuberante de fruta fresca.

Hay todo tipo de paladares: aquellos que disfrutan de la sutileza de un vino maduro, y otros que prefieren un vino joven y vigoroso.

---

*¿Conoce su paladar?*

Hay un experimento que puede ayudarle a aclarar su preferencia: Escoja una bodega de vino tinto español de la región de Rioja y compre tres botellas de la misma bodega: una marcada *Crianza*, otra marcada *Reserva* y otra marcada *Gran Reserva*. Abra las 3 botellas a la vez y pruebe los vinos. El vino marcado *Crianza* es el más joven, seguido por el *Reserva* y el *Gran Reserva*. Note qué nivel de añejamiento es su preferido.

---

## ¿Cual es el mejor momento en la edad del vino para disfrutarlo?

Una manera simple para evaluar un vino a diferentes etapas de su desarrollo es utilizando una práctica común entre coleccionistas:

- Compre varias botellas del mismo vino.

- Pruebe una botella inmediatamente y note sus cualidades. Guarde el resto de las botellas.

- Al término de un año (o menos tiempo si lo desea) abra otra botella y note la diferencias.

- Periódicamente, haga pruebas con las botellas restantes hasta llegar al punto donde estima que el vino ha llegado a una etapa decisiva: si se guarda más tiempo, sus cualidades empezarán a decaer. En ese caso vale la pena consumir el resto de las botellas rápidamente.

## Los tres peores enemigos del vino: calor, oxígeno y luz

1. El calor es el enemigo #1 del vino porque acelera el proceso de añejamiento. Un periodo corto de exceso de calor puede "cocinar" el vino, matando de paso cualquier elemento afrutado.

2. El segundo enemigo más grande del vino es el oxígeno ya que la oxidación afecta su color, sabor, textura y aroma.

3. La luz afecta al vino a través del tiempo. Tal como a los seres humanos nos advierten mantener la piel lejos del sol (por arrugas y cáncer de piel), de la misma manera la luz tiene un efecto envejecedor prematuro sobre el vino.

## Recomendaciones para almacenar el vino

La gran mayoría de los vinos son consumidos entre 2 y 48 horas después de ser adquiridos. Basta con mantenerlos en un lugar fresco. Evite guardar el vino dentro o cerca de la cocina, o en cualquier lugar caluroso y con mucha luz.

Algunos vinos pueden evolucionar de manera beneficiosa durante un periodo de tiempo adicional después de ser adquiridos. Para aquellos vinos excepcionales con capacidad de maduración, es recomendable guardarlos bajo óptimas condiciones:

- *Guardar a temperatura fresca, idealmente 55F/16C. Evitar temperaturas mayores de 70F/21C*
  Mientras más baja la temperatura, más lenta y controlable la maduración. Las altas temperaturas aceleran el envejecimiento, lo cual afecta al vino.

- *Guardar a una temperatura constante y evitar cambios bruscos de temperatura*
  Las fluctuaciones drásticas de temperatura afectan tanto al vino como al corcho, que se expande y dilata con los cambios bruscos. Al suceder esto, entra aire a la botella y hasta pueden salir algunas gotas de vino. Esto conduce rápidamente a la oxidación del vino.

- *Guardar en un lugar oscuro, donde no lo afecte la luz*
  Tanto la luz solar como la luz artificial afectan el vino, causando problemas de sabor y acelerando el envejecimiento de manera abrupta.

- *Guardar en un lugar ligeramente húmedo (70% humedad relativa)*
  Es ideal para los vinos con corcho natural, ya que la humedad mantiene al corcho expandido. En el caso de las botellas con corcho artificial la humedad no es necesaria.

- *Guardar en un lugar sin olores fuertes*
  Los vinos pueden absorber olores de. pintura, cocina, frutas y otros.

- *Guardar la botella de vino acostada, de forma horizontal*
  Para el almacenamiento a largo tiempo, mantenga las botellas acostadas en posición horizontal para que el corcho este en contacto con el vino y así no se reseque. Al resecarse el corcho, este se contrae, permitiendo el flujo de aire dentro de la botella — y el flujo del vino hacia fuera. En el caso de botellas con corcho artificial no es necesario acostar las botellas.

- *Al vino no le gusta viajar*
  Los viajes — especialmente por avión — someten al vino a movimiento, cambios bruscos de presión y temperatura que lo afectan. Manténgalo en reposo unos días después de un viaje para que el vino se reajuste.

## Guardar una botella de vino una vez abierta

- Si desea continuar bebiendo el vino el día siguiente, basta con volver a introducir el corcho o tapón y guardar la botella en la nevera, ya que así se reduce el flujo de aire y se mantiene a baja temperatura.

- Si desea guardar la botella por varios días, es recomendable eliminar el aire que queda en la botella, ya que este puede convertir su vino en algo semejante a vinagre. Existen en el mercado varios implementos para remover el aire y preservar el vino por unos días más, pero al cabo de una semana, se empieza a notar una diferencia.

---

*Sugerencia:* Si no puede terminar la botella de vino, vierta el vino en una cubeta para cubitos de hielo y guárdela en el congelador. Puede usar los cubitos de vino congelados para cocinar.

---

# 5. EL MUNDO DEL VINO

Aunque hoy en día la industria vinícola mundial está esparcida a través del globo, la cuna de su nacimiento es Europa.

### El Viejo Mundo: Europa

Los europeos ligan sus vinos al concepto de *terroir*, asociando uvas específicas con el clima y terreno de un área geográfica específica.

Durante siglos los europeos ensayaron el cultivo de viñas y la elaboración de vinos. A través del tiempo se hizo evidente que ciertas uvas crecían mejor en ciertas áreas, resultando en vinos de mejor calidad y un gusto definido. Poco a poco las diferentes áreas vinícolas empezaron a asociarse por el gusto de los vinos elaborados en su región.

Actualmente, los países europeos exigen a los productores vinos de un estilo específico asociado a su región.

Cada país europeo tiene sus propias leyes vinícolas nacionales. Por encima de esto, rigen las leyes vinícolas establecidas por la Unión Europea.

### El Nuevo Mundo: Norte y Suramérica, Australia, Nueva Zelanda, y Sudáfrica

A diferencia del Viejo Mundo, los productores del Nuevo Mundo tienen libre expresión de ejercer el cultivo de las viñas y la elaboración de vinos a su gusto personal.

Las leyes del vino en el Nuevo Mundo establecen áreas geográficas delimitadas que indican la proveniencia de las uvas y el vino. De allí en adelante los productores pueden decidir qué uvas desean plantar en una región, la manera de cultivarlas, y el proceso de vinificación.

### ¿Existe una diferencia evidente entre los vinos del Nuevo Mundo y los del Viejo Mundo?

Los vinos del Nuevo Mundo tienen tendencia a ser más afrutados y a tener un nivel alcohólico más elevado, ya que muchos de sus viñedos se encuentran en zonas cálidas. Pero esta es una simple generalización que no debe aplicarse de manera universal.

En su mayoría, los vinos del Viejo Mundo destacan la región de origen en la etiqueta, mientras que los vinos del Nuevo Mundo destacan la variedad de la uva.

| Los 10 primeros países productores de vino | Los 10 primeros países consumidores de vino |
|---|---|
| 1. Francia | 1. Francia |
| 2. Italia | 2. Estados Unidos |
| 3. España | 3. Italia |
| 4. Estados Unidos | 4. Alemania |
| 5. China | 5. China |
| 6. Australia | 6. Reino Unido |
| 7. Chile | 7. Rusia |
| 8. Argentina | 8. Argentina |
| 9. Sudáfrica | 9. España |
| 10. Alemania | 10. Australia |

*2012, OIV, Organización Internacional de la Viña y el Vino*

# 6. FRANCIA

*¡Vive la France!* Los amantes del vino ofrecemos nuestro agradecimiento a Francia por su contribución a impulsar el culto del vino y la gastronomía hacia todos los rincones del mundo.

Los franceses han producido vinos a través de los siglos, comenzando alrededor del año 600 A.C. cuando los griegos antiguos fundaron la ciudad de Massalia (hoy en día, la ciudad francesa de Marseille) y empezaron a cultivar viñas. Inglaterra empezó a importar vinos franceses en 1152 y se volvió el cliente más importante de Francia durante décadas. En 1500, comerciantes holandeses empezaron a importar vinos de Francia y los viñedos franceses se expandieron para satisfacer el auge de la demanda.

La producción de vinos en Francia y su comercialización continuó en ascensión, aunque sufrió varios altibajos durante diferentes periodos de la historia. En nuestra época contemporánea, Francia es el primer país productor de vinos del mundo (2012).

## Ley de Vinos

A través de varios siglos cultivando viñas y elaborando vinos, muchos productores franceses se acostumbraron a plantar uvas específicas en zonas geográficas que marcaban el sabor y el carácter del vino.

Estas prácticas tradicionales, que eran voluntarias, fueron instaladas permanentemente en 1935 por el gobierno francés a través de la ley de vinos *Appellation d'Origine Contrôlée,* o AOC *(denominación de origen controlada).*

Desde 2012, el termino *Appellation d'Origine Contrôlée* cambió de nombre a *Appellation d'Origine Protegée,* o AOP *(denominación de origen protegida).*

> *Appellation*: palabra francesa que significa apelativo = denominación = designación = nombre

## Principales elementos de la ley AOC/AOP:

- *Lugar de origen:* La clave más importante del concepto de AOC/AOP es el establecimiento de áreas vinícolas delimitadas. El lugar de origen de las uvas (y a consecuencia, el vino) es protegido.

- *Variedad de uva*: Solo pueden utilizarse aquellas variedades de uva aprobadas para el lugar de origen.

- *Rendimiento:* Cada área AOP/AOP tiene demarcado un máximo limite de producción, expresado en hectolitros por hectárea (hl/ha).

Aparte de estos tres elementos básicos, existen controles sobre el grado alcohólico, manejo del viñedo y la elaboración del vino.

## ¿A quién beneficia la ley AOC/AOP?

La ley de vinos protege el patrimonio nacional de Francia al establecer normas de calidad asociadas a zonas geográficas específicas.

- o Protege el lugar de origen del vino y funciona como un tipo de "marca" con gusto único asociada a un lugar.
- o Protege al consumidor, ya que garantiza el origen y la elaboración el vino.

En Francia es ilegal producir y vender un vino bajo el nombre de una denominación de origen controlada si no se cumplen los criterios que corresponden a la zona indicada.

Otros países de Europa siguieron estos pasos, y hoy en día muchos países se guían (con ciertas variaciones) por los mismos principios de la ley de vino francesa.

## Niveles de clasificación

Todos los vinos franceses pertenecen a una de estas categorías:

- **Vin de France** (Vino de Francia)
  La jerarquía más baja. Los vinos pueden proceder de cualquier parte de Francia y no se rigen por reglamentos específicos. Generalmente son vinos de rendimiento muy alto con sabores diluidos.

- **Vin de Pays** (Vino del País)
  Categoría en pleno auge. Vinos de regiones determinadas con algunos criterios de producción. Pueden utilizar una gama amplia de uvas y se permite indicar la uva en la etiqueta.

- **AOC/AOP = Appellation d'Origine Controlée Protegée** (Denominación de Origen Controlada/ Protegida)
  El nivel más alto. Estrictamente regulado. Vinos de áreas geográficas definidas y estrictos controles de producción. Mas del 50% de vinos franceses pertenecen a esta categoría. En general no se indica la uva sobre la etiqueta.

## Principales Regiones Vinícolas

- Valle del Loire
- Valle del Rhône
- Bordeaux
- Bourgogne
- Beaujolais
- Champagne
- Alsace
- Languedoc-Rousillon
- Provençe
- Arbois y Jura
- Sudoeste
- Corsica

**FRANCIA**
Principales Regiones Vinícolas

PARIS

Champagne

Alsace

Valle del Loire

Bourgogne

Jura

Beaujolais

Bordeaux

Valle del Rhône

Languedoc
Rousillon

Provence

Corsica

## VALLE DEL LOIRE

Conocido como "el jardín de Francia," el valle del Loire es atravesado por el río Loire. Aquí se produce una gama variada de vinos secos, semisecos, dulces, semidulces y espumosos.

## Principales Regiones AOC/AOP

| | |
|---|---|
| Anjou | Quarts-de Chaume |
| Bonnezeaux | Sancerre |
| Bourgueil | Saumur |
| Chinon | Savennières |
| Muscadet | Vouvray |
| Pouilly-Fumé | |

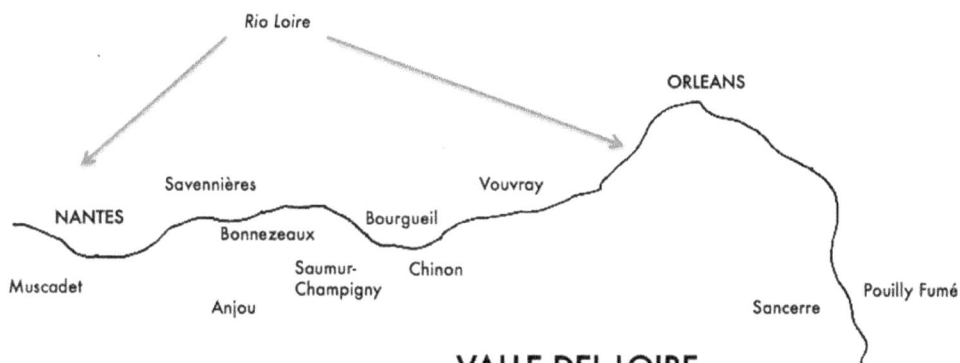

Rio Loire

ORLEANS

Savennières

Vouvray

NANTES

Bonnezeaux

Bourgueil

Muscadet

Saumur-
Champigny

Chinon

Anjou

Sancerre

Pouilly Fumé

**VALLE DEL LOIRE**
Principales Regiones Vinícolas

## Principales uvas

*Blancas*
Chenin Blanc
Sauvignon Blanc
Melon de Bourgogne

*Tintas*
Cabernet Franc
Gamay

*Uva blanca: Sauvignon Blanc*

Generosa y aromática, produce vinos nítidos y refrescantes de cuerpo medio, con buena acidez. Los vinos provenientes de climas calurosos ofrecen aromas y sabores de frutas tropicales. Los vinos de climas templados ofrecen aromas y sabores de hierbas, frutas cítricas, y melón.

*Uva blanca: Chenin Blanc*

Produce vinos secos, dulces y espumosos con gustos de minerales y frutas cítricas . Su expresión máxima se aprecia en los vinos dulces y semidulces, especialmente aquellos de Bonnezeaux y Quarts de Chaume, que pueden añejarse por muchos años.

*Uva tinta: Cabernet Franc*

De cuerpo medio y taninos moderados, produce vinos con una variedad de aromas y sabores de bayas silvestres, violetas y cerezas. En el Loire esta uva se utiliza por su cuenta, mientras que en Bordeaux generalmente se mezcla con otras.

*Uva blanca: Melon de Bourgogne*

Produce vinos llamados Muscadet, de cuerpo mediano con un nivel de acidez elevada y sabores de limón, minerales, hierbas y un toque de sal marina. Los vinos se combinan tradicionalmente con los mariscos, especialmente las ostras.

El valle del Loire es la cuna de los renombrados vinos blancos de Sancerre y Pouilly Fumé, ambos elaborados con la uva Sauvignon Blanc.

Los pueblos de Vouvray y Savennières producen vinos blancos secos, semisecos y dulces con la uva Chenin Blanc.

Los vinos tintos de Chinon, Saumur y Bourgueil están elaborados con la uva Cabernet Franc y frecuentemente son servidos en los bistros a través de Francia.

El vino rosado más conocido del Loire es Anjou, elaborado con Cabernet Franc.

El valle del Loire también produce vinos espumosos tales como Crémant de Loire, utilizando una mezcla de varias uvas.

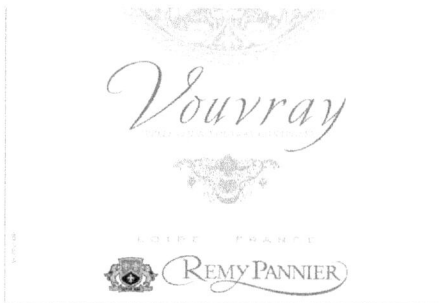

## EL VALLE DEL RHÔNE

El valle del Rhône está situado en el sur de Francia al borde del río Rhône. El 95% de los vinos de esta región son tintos. Muchos de los viñedos del Rhône están situados en laderas y colinas, por tanto la cosecha a mano es obligatoria.

El suelo del valle del Rhône es árido y contiene muchas rocas y piedras. Durante el día el sol calienta las piedras, las cuales absorben el calor. De noche, las rocas emiten el calor almacenado durante el día. Esto significa que los viñedos del Rhône reciben calor 24 horas diarias, resultando en vinos robustos con un grado alcohólico ligeramente elevado.

### Norte y sur

El valle del Rhône está dividido entre norte y sur. En el norte domina la uva tinta Syrah, mientras que en el sur predominan las uvas tintas Grenache y Mourvedre. Los vinos norteños de Côte Rotie, St. Joseph, Hermitage, Crozes-Hemitage y Cornas son más robustos y densos que los del sur.

Châteauneuf-du-Pape es uno de los vinos más destacados del sur. La versión tinta puede estar compuesta de 18 variedades de uvas, incluyendo Grenache, Syrah, Cinsault, y Mourvedre. La versión blanca también usa varias uvas, incluyendo Marsanne, Rousanne, Picpoul y Grenache blanc.

Los vinos blancos más famosos del Rhône provienen del norte: Condrieu y Château Grillet. Elaborados únicamente con la uva Viognier, son vinos elegantes, aromáticos y expresivos.

El valle del Rhône también cuenta con un vino rosé muy conocido, Tavel, que dicen era el preferido del escritor Honoré de Balzac y el rey Louis XIV.

Los vinos Côtes-du-Rhône Villages provienen de una variedad de pueblos a través del valle del Rhône.

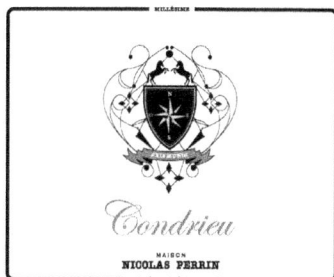

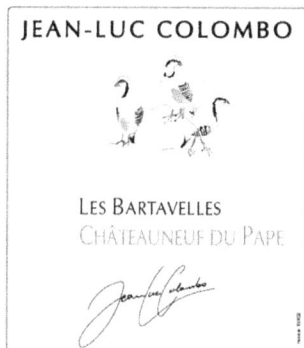

## Principales Regiones AOC/AOP

*Norte*

Côte Rotie
Condrieu
Château Grillet
St. Joseph
Hermitage
Crozes-Hermitage
Cornas

*Sur*

Côtes du Rhône
Châteauneuf-du-Pape
Gigondas
Tavel
Lirac

**VALLE DEL RHÔNE**
Principales Regiones Vinícolas

LYON
Côte Rotie
Condrieu
Château Grillet
St. Joseph
Crozes-Hermitage
Hermitage
Cornas
Río Rhône
Côtes du Rhône Villages
Châteauneuf -du-Pape
Gigondas
Lirac y Tavel
AVIGNON
Côtes du Rhône

## Principales uvas

| *Blancas* | *Tintas* |
|---|---|
| Viognier | Syrah/Shiraz |
| Marsanne | Grenache/Garnacha |
| Rousanne | Mourvèdre |
| Grenache Blanc | Cinsault |

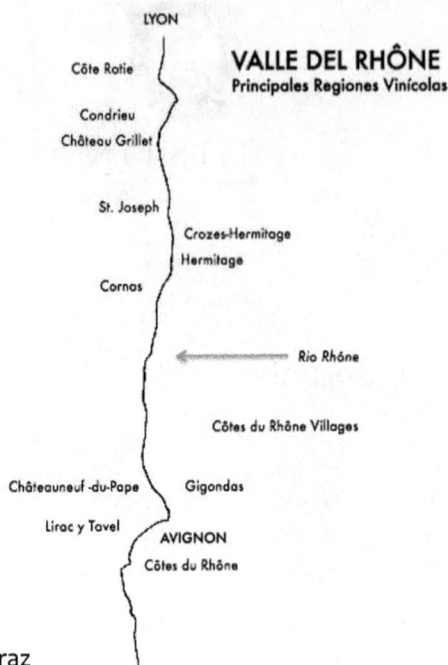

*Uva tinta: Grenache/Garnacha*

Produce vinos de cuerpo amplio, con taninos y ácidos moderados y sabores picantes de especies y mora negra. En muchos casos, es combinada con otras uvas.

*Uva tinta: Syrah/Shiraz*

Produce vinos de alta densidad, con sabores intensos de mora negra, cuero, terruño y pimienta. De cuerpo robusto y taninos firmes.

*Uva blanca: Viognier*

Ofrece vinos con aromas perfumados y sabores exóticos de albaricoque, flores de acacia, durazno, melón, peras y miel. Textura aterciopelada, de cuerpo amplio y acidez moderada.

## BORDEAUX

El área de Bordeaux produce algunos de los vinos más famosos del mundo y es considerada la capital mundial del vino. Su clima de inviernos moderados y veranos calientes es influenciado por el Océano Atlántico.

Las areas vinícolas están situadas alrededor de los ríos Garonne, Dordogne y el estuario Gironde que atraviesan el área de Bordeaux. Los viñedos están divididos en tres zonas:

- Rive Gauche: la orilla izquierda del estuario Gironde

- Rive Droite: la orilla derecha del estuario Gironde

- Entre-Deux-Mers: el área entre los ríos Garonne y Dordogne

Cada una de estas zonas contiene distintos pueblos (AOC/AOP) con viñedos.

## Principales regiones AOC/AOP

| *Rive Gauche* (orilla izquierda) | *Rive Droite* (orilla derecha) | *Entre-Deux-Mers* (entre dos ríos) |
|---|---|---|
| Médoc | Pomerol | Entre-Deux-Mers |
| Haut-Médoc | Lalande-de-Pomerol | Cadillac |
| St-Estèphe | Saint-Émilion | |
| Pauillac | Montagne-Saint-Émilion | |
| St-Julien | Saint-Georges-Saint-Émilion | |
| Margaux | Lussac-Saint-Émilion | |
| Graves | Puisseguin-Saint-Émilion | |
| Pessac-Léognan | Fronsac | |
| Sauternes | Canon-Fronsac | |
| Barsac | Côtes de Bordeaux | |

## Principales uvas

*Blancas*
Sauvignon Blanc
Sémillon
Muscadelle

*Tintas*
Cabernet Sauvignon
Cabernet Franc
Merlot
Malbec
Petit Verdot

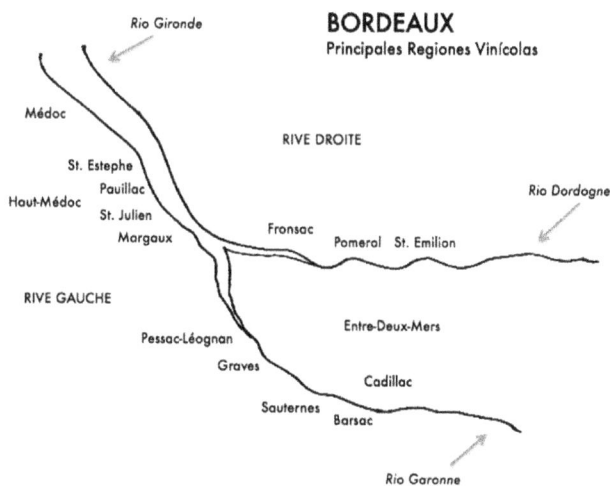

**BORDEAUX**
Principales Regiones Vinícolas

Rio Gironde

Médoc

RIVE DROITE

St. Estephe
Pauillac
Haut-Médoc
St. Julien
Margaux

Fronsac

Pomeral   St. Emilion

Rio Dordogne

RIVE GAUCHE

Pessac-Léognan

Graves

Entre-Deux-Mers

Cadillac

Sauternes
Barsac

Rio Garonne

A los productores de Bordeaux se les permite una canasta de uvas y pueden utilizar una o más de estas uvas en el vino. Al combinar con destreza varios tipos de uva se integran las mejores cualidades de cada una, produciendo vinos multifacéticos y equilibrados.

*Uva tinta: Cabernet Sauvignon*

Considerada "la reina de la uvas," Cabernet Sauvignon es cultivada a nivel mundial. Cuando los vinos son jóvenes ofrecen aromas y sabores de bayas silvestres, cereza, mora, pimiento y un toque de menta. Al añejarse ofrecen aromas y sabores de ciruela, frutas secas, cedro, violetas, cuero y tabaco.

*Uva tinta:  Merlot*

Produce vinos de cuerpo amplio y textura sedosa con taninos suaves y aromas de cereza, mora, ciruela y cacao. Uva muy popular que se cultiva alrededor del mundo.

*Uva blanca: Sémillon*

Produce vinos aromáticos de cuerpo amplio, acidez moderada y textura sedosa. Casi siempre es combinada con la uva Sauvignon Blanc, especialmente en Francia y Australia. Cuando es utilizada en vinos secos ofrece aromas de manzana, pera, membrillo y limón. En vinos dulces y semidulces, ofrece aromas de albaricoque, piña, vainilla, miel, y mantequilla.

## Etiquetas de Bordeaux

Los vinos con el simple término *Bordeaux* en la botella provienen de zonas extensas a través de la region de Bordeaux.

Los vinos con denominaciones más específicas provienen de viñedos adjuntos a la propiedad donde el vino es elaborado y embotellado. En sus etiquetas figuran términos tales como *"mise en bouteille au château,"* que indica que el vino fue elaborado y embotellado en la propiedad.

## Principales clasificaciones de vinos Bordeaux

Cabe notar que no todos los vinos de Bordeaux pertenecen a una de estas clasificaciones mencionadas.

- La clasificación de 1855.
- La clasificación de Graves.
- La clasificación de Saint-Emilion.
- La clasificación de los Crus Bourgeois du Medoc.
- La clasificación de los Crus Artisans.

### Clasificación de 1855

En 1855, por orden del Emperador Napoleón III, en el área de Médoc y Graves se clasificaron 88 vinos considerados excepcionales en aquella época. Estos vinos pertenecen a la categoría Grand Cru Classé.

> *Cru:* termino vinícola francés que significa crecimiento o yacimiento. Se refiere al pedigrí del *terroir* donde está plantada la viña. Es utilizada para referirse a *terroirs* prestigiosos.

Los vinos Grand Cru Classé fueron subdivididos en Primer Cru, Segundo Cru, Tercer Cru, Cuarto Cru y Quinto Cru.

Cinco vinos tiene el prestigio de estar en el nivel más alto, Primer Cru:

> Château Lafite-Rothschild
> Château Mouton-Rothschild * agregado en 1973
> Château Latour
> Château Margaux
> Château Haut-Brion

> *Château* (plural: *châteaux*): palabra francesa que significa *castillo*. En términos vinícolas, un château puede ser un castillo, una casa modesta, o cualquier estructura básica donde se elabora el vino, adjunto al viñedo.

### Vinos secundarios vs. Vinos segundo Cru

Casi todos los châteaux de Bordeaux producen dos vinos:
1. El vino principal, *Grand Vin*.
2. El vino secundario, *Deuxième Vin*.

Los vinos secundarios en general provienen de viñas jóvenes, lo cual ofrece varias ventajas al consumidor:

o El costo de un *Deuxième Vin* puede ser hasta 75% menos del precio de un *Grand Vin*.

o El *Deuxième Vin* está listo para beber mucho antes que el vino *Grand Vin*.

Ejemplo:

| Vino principal (Grand Vin) | Vino secundario (Deuxième Vin) |
| --- | --- |
| *Château Lafite-Rothschild* | *Carruades de Lafite* |
| *Château Latour* | *Les Forts de Latour* |
| *Château Margaux* | *Pavillon Rouge du Château Margaux* |
| *Château Mouton-Rothschild* | *Le Petit Mouton de Mouton Rothschild* |
| *Château Haut-Brion* | *Château Bahans du Château Haut-Brion* |

*¡ No confunda los vinos secundarios con los vinos segundo Cru!*

MIS EN BOUTEILLE AU CHÂTEAU

CHÂTEAU LAFITE ROTHSCHILD

PAUILLAC

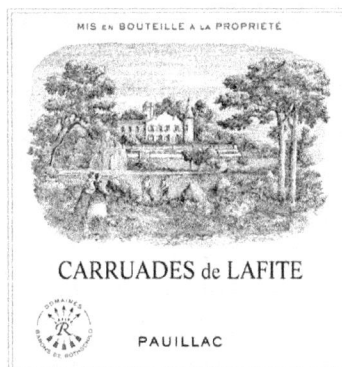

MIS EN BOUTEILLE A LA PROPRIETÉ

CARRUADES de LAFITE

PAUILLAC

### Clasificación de Graves

La clasificación de la zona de Graves fue establecida en 1953 y contiene 16 vinos del area Pessac-Leognan.  Es famosa tanto por sus vinos blancos como por sus tintos.

### Clasificación de Saint-Emilion

Establecida por primera vez en 1954, está compuesta de vinos tintos divididos entre dos rangos: Premiers Grands Crus Classés o Grands Crus Classés. La clasificación es revisada cada 10 años; la más reciente tuvo lugar en 2012.

2 0 0 8
**CHATEAV**
**SMITH HAVT LAFITTE**
GRAND CRU CLASSÉ DE GRAVES

DANIEL ET FLORENCE CATHIARD

CHATEAU
**LA COUSPAUDE**

2006
**GRAND CRU CLASSÉ**
**SAINT-ÉMILION**

AUBERT VIGNOBLES

### Crus Bourgeois du Médoc

Esta clasificación fue establecida por primera vez en 1932 y ha pasado por varias revisiones. Está basada sobre intensas evaluaciones de producción y calidad para los châteaux participantes.

### Crus Artisans

Una antigua categoría que fue reintroducida en 2006 y otorgada a 44 châteaux basados en su historial.

## Oro líquido

¿Sabía usted que los vinos blancos dulces más famosos del mundo son de Bordeaux? El pueblo de Sauternes (y los pueblos vecinos Barsac, Monbazillac, Cerons, Loupiac y Cadillac) producen exquisitos vinos dulces blancos con las uvas Sémillon, Sauvignon Blanc y Muscadelle.

En los viñedos las uvas maduras son afectadas por el florecimiento de un hongo natural, *Botrytis cinerea,* que crece sobre la pieles.

*Botrytis cinerea* = podredumbre noble  (francés: *pourriture noble* / inglés: *noble rot*)

Cuando las uvas son afectadas por *podredumbre noble,* se deshidratan lentamente, concentrando los azúcares mientras la acidez queda intacta. Las uvas son cosechadas a mano, una por una, durante varios días, en un proceso tedioso y costoso.

Las condiciones de clima para que la *podredumbre noble* se forme son muy específicas: un periodo de alta humedad debe ser seguido por un periodo my seco. Estas condiciones ideales no ocurren todos los años, y en algunos casos se pierde la cosecha entera si hay una alteración de este proceso. Todo estas particularidades y los riesgos de producción se reflejan en el precio de los vinos, que cuentan entre los más caros del mundo.

SAUTERNES·APPELLATION CONTRÔLÉE

Château d'Yquem

Lur-Saluces

~ 1958 ~

MIS EN BOUTEILLE AU CHÂTEAU

*¿A qué saben estos vinos tan únicos?*

A diferencia de la mayoría de los vinos dulces, los vinos afectados por *podredumbre noble* tienen la capacidad de equilibrar dulzura con acidez, lo cual evita cualquier sensación empalagosa en el paladar. Ofrecen aromas y sabores de frutas tropicales, albaricoque, melocotón, miel y especies exóticas. Algunos de estos vinos tienen la capacidad de envejecer hasta cien años. El vino Sauternes se sirve frío. Puede disfrutarse por su cuenta o combinarse con una variedad de comidas, tanto saladas como dulces.

## BOURGOGNE

Bourgogne (francés) = Borgoña (español) = Burgundy (inglés)

La región de Bourgogne produce algunos de los vinos más prestigiosos del mundo. Desde la Edad Media (1300) hasta la revolución francesa (1789) la mayoría de los viñedos en Bourgogne pertenecían a la iglesia católica. Hoy en día la mayoría de los viñedos en Bourgogne son parcelas pequeñas, pertenecientes a muchos propietarios.

Bourgogne se extiende de norte a sur en el este de Francia y consiste en cinco zonas vinícolas: Chablis, Côte de Nuits, Côte de Beaune, Côte Chalonnaise y Mâconnais. Cada una de estas regiones contiene distintos pueblos AOC/AOP con viñedos.

### Principales uvas

| *Blanca* | *Tinta* |
|---|---|
| Chardonnay | Pinot Noir |

*Uva blanca: Chardonnay*

Una de las uvas más populares del mundo, tiene un cuerpo que puede variar entre medio a corpulento. Dependiendo de su origen y método de producción, puede ofrecer aromas y sabores de manzana verde, frutas tropicales, mantequilla, miel, coco, vainilla, minerales y especies.

*Uva tinta: Pinot Noir*

Uva preciosa y noble, es difícil de cultivar y necesita condiciones optimas para obtener sus mejores cualidades. Ofrece vinos elegantes con aromas de cereza, frambuesa, terruño, seta/champiñón, lilas y violetas.

## Principales regiones AOC/AOP

Chablis

Côte d'Or

Côte de Nuits

Côte de Beaune

Côte Chalonnaise

Maconnais

DIJON

Chablis

Côte de Nuits

Rio Saône

Côte de Beaune

Côte Chalonnaise

**BOURGOGNE**
Principales Regiones Vinícolas

Pouilly-Fuissé

Region de Macconais

Region de Beaujolais

Rio Saône

LYON

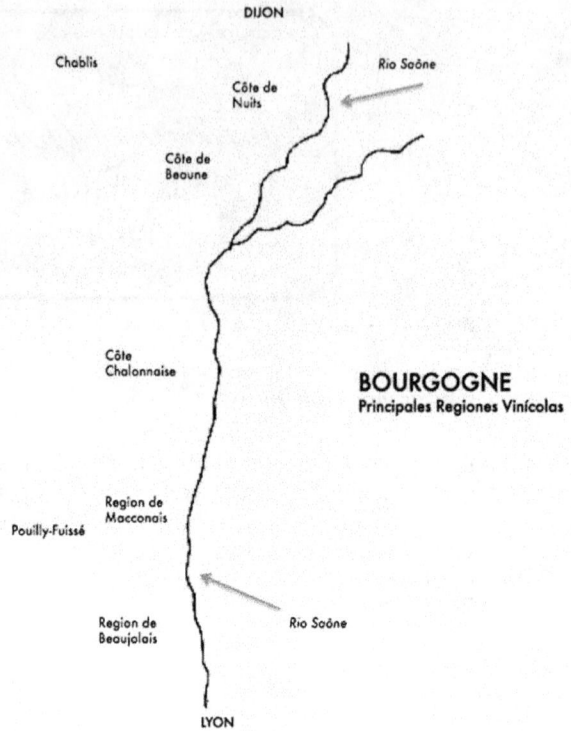

## Clasificaciones de Bourgogne

- **Vino genérico**
  Los vinos con el simple termino "Bourgogne" pueden proceder de cualquier región dentro de Bourgogne.

- **Vino regional AOC/AOP**
  Los vinos que incluyen una región en su etiqueta — tal como Côte de Nuits o Côte de Beaune — pueden provenir de cualquier área dentro de esa región.

- **Vino pueblo AOC/AOP**
  Los vinos con la mención de un pueblo en la etiqueta — tal como Pommard — deben provenir únicamente de ese pueblo.

- **Vino viñedo AOC/AOP**
  La categoría más alta de vinos de Bourgogne son aquellos con el nombre del viñedo específico en la etiqueta, en especial aquellos que incluyen los términos *Premier Cru* o *Grand Cru* que indican una clasificación prestigiosa.

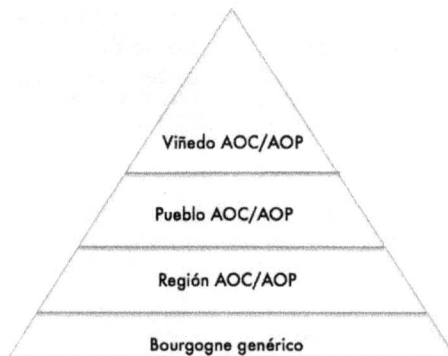

Viñedo AOC/AOP

Pueblo AOC/AOP

Región AOC/AOP

Bourgogne genérico

### Chablis

El *terroir* de esta área produce vinos blancos secos con cuerpo redondo, buena acidez y gusto de minerales.

> Advertencia: Algunos productores en Estados Unidos utilizan el nombre "Chablis" para identificar su vino, aunque no provienen de Chablis (Francia), no contienen la uva Chardonnay y son vinos de muy baja calidad. Las leyes de Francia no tienen poder legal en Estados Unidos y esto permite la continuación de varias prácticas que defraudan al consumidor. Evite cualquier vino "Chablis" producido en cualquier país que no sea Francia.

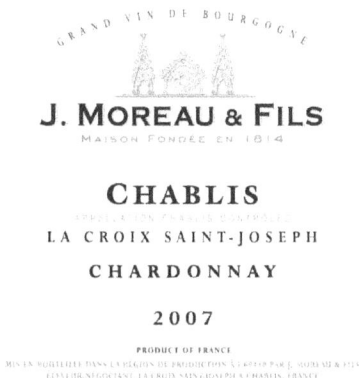

GRAND VIN DE BOURGOGNE

## J. MOREAU & FILS
MAISON FONDÉE EN 1814

### CHABLIS
LA CROIX SAINT-JOSEPH

CHARDONNAY

2007

PRODUCT OF FRANCE

### Côte de Nuits

El 90% de los vinos de esta zona son tintos. Los más famosos (¡y costosos!) vienen del pueblo de Vosne-Romanée, específicamente los viñedos La Tâche y Romanée Conti. También se destaca el viñedo Clos de Vougeot, situado en el pueblo de Vougeot. Estos vinos tienen la capacidad de madurar por muchos años.

RÉCOLTÉ, ÉLEVÉ ET MIS EN BOUTEILLE AU DOMAINE

## CLOS DE VOUGEOT
GRAND CRU
APPELLATION CLOS DE VOUGEOT CONTRÔLÉE

13.5 % vol.    2001    750 ml

DOMAINE JEAN GRIVOT
VOSNE-ROMANÉE · 21700 · CÔTE-D'OR · FRANCE
PRODUCE OF FRANCE

SOCIÉTÉ CIVILE DU DOMAINE DE LA ROMANÉE-CONTI
PROPRIÉTAIRE A VOSNE-ROMANÉE (CÔTE-D'OR)

## LA TACHE
APPELLATION LA TACHE CONTRÔLÉE
17.556 Bouteilles Récoltées
N° 015760
LES ASSOCIÉS-GÉRANTS
ANNÉE 1975
Mise en bouteille au domaine
PRODUCT OF FRANCE    75 cl

### Côte de Beaune

Vinos tintos elegantes, un poco más ligeros que los de Côte de Nuits. Se destacan los pueblos de Volnay, Pommard y Savigny-les-Beaune, entre otros. Al sur de la región se producen vinos blancos excepcionales, tales como Meursault, Puligny-Montrachet y Chassagne-Montrachet.

### Mâconnais

Conocida por sus vinos blancos muy populares a través del mundo, esta zona incluye los pueblos de Macon-Villages, St. Veran y Pouilly-Fuissé.

> ¡Alerta! No confunda Pouilly-Fuissé con Pouilly-Fumé. Pouilly Fuissé proviene de Bourgogne y está elaborado con la uva Chardonnay mientras que Pouilly-Fumé viene del Valle del Loire y utiliza la uva Sauvignon Blanc.

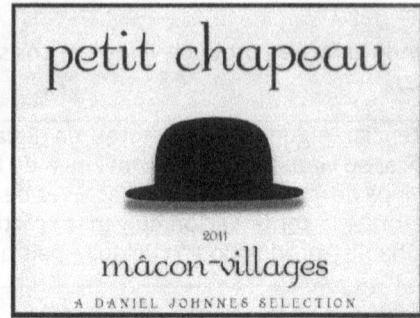

### Côte Chalonnaise

Ofrece vinos blancos y tintos de una excelente relación de calidad/precio. Incluye las zonas de Bouzeron, Rully, Mercurey, Givry y Montagny.

## BEAUJOLAIS

La región de Beaujolais es adyacente a Bourgogne y sus vinos utilizan solamente una uva tinta: Gamay.

*Uva tinta: Gamay*

Esta uva de piel delgada tiene el nombre completo de Gamay Noir à Jus Blanc. Ofrece vinos refrescantes de cuerpo ligero con aromas y sabores de cereza, fresa, frambuesa, pétalos de rosa y violetas.

Los vinos de Beaujolais se producen por el método de "maceración carbónica" en el cual las uvas son fermentadas enteras, sin prensar. Esto resulta en un vino fresco y afrutado con taninos leves.

Cada año el primer embotellamiento del vino — *Beaujolais Nouveau* — es lanzado al mercado el tercer jueves de noviembre. Se recomienda consumir estos vinos antes de los 6 meses.

Los vinos designados *Beaujolais-Villages* provienen de varios pueblos y pueden madurar un año o dos.

Los vinos mas prestigiosos de *Beaujolais* provienen de AOC/AOP individuales, designados en la etiqueta. Pueden madurar hasta 5 años.

**Principales regiones AOC/AOP**

| | |
|---|---|
| St. Amour | Chiroubles |
| Julienas | Morgon |
| Chenas | Regnie |
| Moulin–A–Vent | Brouilly |
| Fleurie | Côtes de Brouilly |

Los vinos de Beaujolais son ideales para consumir durante el verano ya que se pueden servir frescos, lo cual realza sus cualidades afrutadas.

DOMAINE MONT CHAVY

MORGON
*Appellation Morgon Contrôlée*
RED BEAUJOLAIS WINE

MIS EN BOUTEILLE PAR LES VINS GEORGES DUBŒUF A F. 71570 ROMANÉCHE-THORINS
PRODUCED AND BOTTLED IN FRANCE

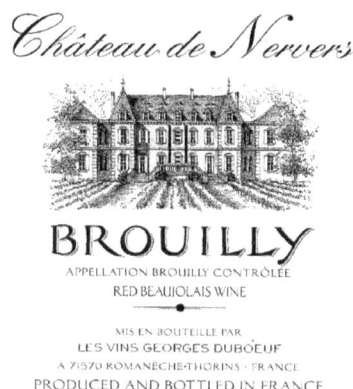

*Château de Nervers*

BROUILLY
APPELLATION BROUILLY CONTRÔLÉE
RED BEAUJOLAIS WINE

MIS EN BOUTEILLE PAR
LES VINS GEORGES DUBŒUF
A 71570 ROMANÉCHE-THORINS - FRANCE
PRODUCED AND BOTTLED IN FRANCE

## CHAMPAGNE

La región de Champagne, al este de París, es la cuna de los vinos espumosos más prestigiosos y famosos del mundo.

Champagne (francés) = Champán (español) = Champaña (español) = Champagne (inglés)

**Principales regiones AOC/AOP**

Montaña de Reims

Côte des Blancs

Côte de Sézanne

Valle de la Marne

Côte des Bar/Aube

**Principales uvas**

| *Blanca* | *Tintas* |
|---|---|
| Chardonnay | Pinot Noir |
| | Pinot Meunier |

Estas tres uvas pueden usarse individualmente o en combinación.

**Elaboración de Champagne: Méthode Champenoise**

La Champagne se produce únicamente por el *Méthode Champenoise*, un proceso intensivo y costoso que dura de 2 a 5 años y requiere muchos pasos. El resultado es un vino espumoso con burbujas pequeñas y duraderas, un abanico de aromas y sabores, una acidez nítida a la vez que una sensación cremosa en el paladar obtenida por el largo contacto con levadura.

1. Se produce un vino de base y se embotella.

2. Se agrega un poco de levadura y azúcar a la botella.

3. Se tapa la botella con un corcho provisional.

4. La levadura y el azúcar producen una segunda fermentación dentro de la botella, donde se forman las burbujas.

5. Se añeja la botella un mínimo de 15 meses o hasta 6 años.

6. Mientras la Champagne se añeja, se forma un sedimento en la botella.

7. Durante el periodo de añejamiento la botella se coloca con el cuello inclinado hacia abajo para que el sedimento se acumule en el cuello.

8. Durante este periodo de añejamiento, cada botella es girada periódicamente para impedir que el sedimento se adhiera al cuello de la botella.

9. Al llegar al final del periodo de añejamiento, se congela el cuello de la botella.

10. Se descorcha el tapón y la presión del gas dentro de la botella dispara el sedimento congelado.

11. Al vino restante se le agrega un poco de sirop azucarado que determina el grado de dulzura final de la Champagne. Esta práctica se llama dosage.

12. Se tapa la botella con el corcho... y sale a la venta!

## ¿Quién tiene derecho a usar el termino Champagne?

Todas las Champagnes son vinos espumosos ¡pero no todos los vinos espumosos son Champagne!

En Francia los términos *Mousseux* o *Crémant* son usados para referirse a vinos espumosos producidos fuera de la región de Champagne. Si utilizan el *Méthode Champenoise* para su elaboración lo indican con el termino *Méthode Traditionnelle* o *Méthode Classique* en la etiqueta.

¡Alerta! Varios productores en Estados Unidos han nombrado sus vinos espumosos "Champagne" aunque no provienen de esta zona en Francia y no se producen de la misma manera. Las leyes de Francia no tienen poder legal en Estados Unidos y esto permite la continuación de practicas que defraudan al consumidor.

## Producción de otros vinos espumosos

Aparte del *Méthode Champenoise*, existen otros métodos de producir vinos espumosos.

- *Método de transferencia*
  Este método sigue los primeros pasos del Méthode Champenoise hasta donde la fermentación ocurre dentro de las botellas individuales. Después de un tiempo, el vino es transferido a tanques de metal, donde se filtra el sedimento, se agrega el *dosage* y luego es embotellado de nuevo. Este método es más corto y a su vez reduce la variación entre botellas.

- *Método Charmat*
  El método Charmat también se conoce como *cuvé close* o *método de tanque*. Es un sistema más económico y sencillo que el Méthode Champenoise. En el método Charmat la segunda fermentación no ocurre dentro de la botella, sino en tanques de metal. Una vez terminada la segunda fermentación, el vino es embotellado a presión para mantener la gasificación. Estos vinos espumosos tienen sabores ligeramente afrutados y burbujas un poco más grandes.

- **Carbonización inyectada**
  Este método es el más barato y es el mismo utilizado para fabricar bebidas gaseosas. No incluye una segunda fermentación. El vino de base, que se encuentra en tanques de metal, se inyecta con gas carbónico ($CO_2$). Esto produce vinos espumosos de baja calidad, con sabores diluidos y burbujas gruesas que se desvanecen rápidamente al abrir la botella.

## Términos en la etiqueta que indican el nivel de dulzura del Champagne

| | |
|---|---|
| Brut Nature | Totalmente seco |
| Extra Brut o Ultra Brut | Muy seco |
| Brut | Seco |
| Extra Dry | Semiseco (¡aunque el término es ilógico!) |
| Sec | Ligeramente dulce |
| Demi-Sec | Semidulce |
| Doux | Dulce |

## ¿Que nivel de dulzura escoger?

Aparte de gustos personales, se sugiere:

- Los niveles Brut Nature, Extra Brut, y Brut se disfrutan como aperitivos y con comidas saladas.

- Los niveles Extra Dry, Sec, Demi-Sec y Doux se disfrutan al final de la comida, para acompañar postres, tortas y frutas.

## Otros términos en las etiquetas de Champagne

- **Blanc de Blancs** (vino blanco de uvas blancas)
  Elaborada con 100% Chardonnay.

- **Blanc de Noirs** (vino blanco de uvas tintas)
  Elaborada con 100% Pinot Noir y/o Pinot Meunier.

- **Rosé** (rosé/rosado)
  Puede contener una mezcla de uvas tintas y blancas o únicamente tintas.

Si ninguno de los términos mencionados aparece en la etiqueta, eso indica que es una mezcla de Chardonnay, Pinot Noir y/o Pinot Meunier.

CHAMPAGNE
Elaboré par SAS EGLY-OURIET à Ambonnay France

EGLY-OURIET

BLANC DE NOIRS GRAND CRU

BRUT
ALC. 12.5% BY VOL.    750 ML

CHAMPAGNE
DELAMOTTE
Le Mesnil sur Oger depuis 1760

BRUT

La mayoría de las Champagnes están compuestas de vinos de varias vendimias. Las más prestigiosas vienen de una sola vendimia, que solamente es declarada en aquellos años cuando las condiciones de clima son excepcionales.

- **NV**
  Elaborada con vinos de varias vendimias.

- **Millésime o Vintage**
  Elaborada de vino de una sola vendimia.

- **Prestige Cuvée, Tête de Cuvée** o **Cuvée Spéciale**
  Elaborada únicamente en las mejores añadas y madurada extensamente. Es la Champagne más prestigiosa de cada productor y generalmente tiene un nombre que las identifica:

| Bodega | Prestige Cuvée |
|---|---|
| Veuve Cliquot | La Grande Dame |
| Louis Roederer | Cristal |
| Moët & Chandon | Dom Perignon |
| Perrier-Jouet | Fleur de Champagne |
| Pol Roger | Cuvée Sir Winston Churchill |
| Taittinger | Comtes de Champagne |

## ALSACE

Esta región en el noreste de Francia comparte la frontera con Alemania. El 99% de los vinos producidos en Alsace son blancos y existen en estilo seco, dulce y espumoso.

A diferencia de la mayoría de los vinos AOC/AOP franceses, los vinos de Alsace indican la uva en la etiqueta.

### Principales uvas blancas

Riesling
Gewürztraminer
Pinot Blanc
Pinot Gris
Muscat
Sylvaner

Uva blanca: Riesling

Produce vinos perfumados con aromas de manzanas, melocotón, toronja, miel y hierbas, con acidez jugosa y dulzura de varios niveles.

Uva blanca: Pinot Blanc

Comparable a Chardonnay, con menos intensidad y sabores más sutiles. En general produce vinos de cuerpo medio de textura suave y acidez moderada con aromas de manzana, pera y minerales.

Uva blanca: Gewürztraminer

Ofrece vinos perfumados con aromas exóticos de lichi, mango, durazno, mandarina, frutas tropicales, pétalos de rosa y especias. En general estos vinos tienen un cuerpo robusto y son viscosos en el paladar.

Los vinos denominados *Grand Cru* provienen de viñedos prestigiosos, los cuales forman menos del 5% de la producción vinícola de Alsace.

Los vinos espumosos de Alsace se llaman *Crémant d'Alsace* y utilizan el mismo método de Champagne.

Los vinos dulces *Vendanges Tardives* y *Sélection des Grains Nobles* son de producción muy limitada; solo el 1% de vinos de Alsace pertenecen a esta categoría. Estos néctares escasos (y costosos) se producen únicamente en aquellos años cuando las condiciones de clima favorecen su producción, cosa que ocurre raramente. Al igual que los vinos dulces de Sauternes (Bordeaux), no son empalagosos al paladar ya que mantienen un nivel alto de acidez. Ofrecen aromas y sabores exóticos de frutas tropicales, albaricoque, miel y especias.

# LANGUEDOC-ROUSILLON

La zona de Languedoc-Roussillon abarca la costa Mediterránea desde la ciudad de Nîmes hasta la frontera española. Es el área de producción vinícola más grande de Francia, donde se producen casi 1/3 de los vinos franceses.

## Principales Uvas

*Blancas*
Bourboulenc
Clairette
Grenache Blanc
Piquepoul
Marsanne
Roussanne
Chardonnay
Vermentino
Muscat

*Tintas*
Cabernet Sauvignon
Carignan
Cinsault
Grenache
Syrah
Mourvèdre
Malbec

## Principales regiones AOC/AOP

Languedoc
Costières de Nîmes
Faugères
Collioure
Saint-Chinian
Limoux

Minervois
Côtes du Roussillon
Cabardès
Fitou
Corbières

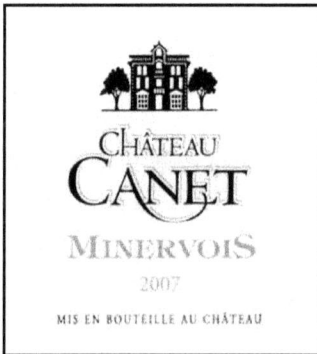

CHÂTEAU
CANET
MINERVOIS
2007
MIS EN BOUTEILLE AU CHÂTEAU

*Devois de Perret*
LANGUEDOC
APPELLATION D'ORIGINE PROTÉGÉE
2011

## Vin de Pays

Además de la producción de vinos AOC/AOP, Languedoc-Roussillon produce una enorme cantidad de *Vin de Pays*, vinos muy populares en los mercados mundiales. La denominación más común es *Vin de Pays d'Oc.*

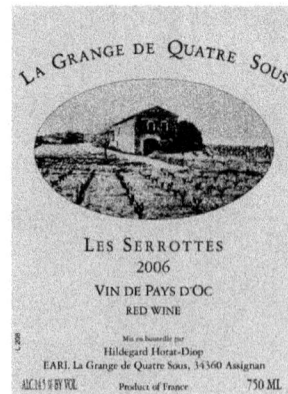

LA GRANGE DE QUATRE SOUS
LES SERROTTES
2006
VIN DE PAYS D'OC
RED WINE
Mis en bouteille par
Hildegard Horat-Diop
EARL La Grange de Quatre Sous, 34360 Assignan
ALC.14.5 % BY VOL        Product of France        750 ML

Los reglamentos para *Vin de Pays* son menos estrictos que para los vinos AOC/AOP. Se permite cultivar uvas y vinos al gusto del productor y se puede indicar la uva sobre la etiqueta de la botella, lo cual facilita su venta en el exterior. La única desventaja es que la denominación *Vin de Pays* no tiene el mismo *cachet* de la denominación AOC/AOP, que se sitúa en un rango más alto en la escala de categorías.

## Qué dulzura…

Languedoc-Rousillon también produce exquisitos vinos dulces llamados *Vin Doux Naturel* (vino dulce natural). Estos vinos dulces fortificados pueden ser blancos, tintos o rosados.

### Principales vinos dulces naturales AOC/AOP

| | |
|---|---|
| Muscat de Frontignan | Banyuls |
| Muscat de Mireval | Maury |
| Muscat de Saint-Jean-de-Minervois | Rivesaltes |
| Muscat de Lunel | Muscat de Rivesaltes |

## PROVENCE Y LA COSTA AZUL

A lo largo de la costa Mediterránea, la riviera francesa conocida como *Côte d'Azur* (Costa Azul) ha inspirado a numerosos poetas, pintores, artistas y escritores a través de los siglos. Allí brilla el sol resplandeciente y el mar ofrece brisas refrescantes que acarician los viñedos.

Provence es famosa por sus vinos rosados que forman casi la mitad de la producción. Son vinos muy versátiles que acompañan una gran variedad de comidas.

### Principales regiones AOC/AOP

Baux de Provence
Coteaux d'Aix en Provence
Palette
Cassis
Bandol
Bellet
Côtes de Provence

## Principales uvas

| Blancas | Tintas |
|---|---|
| Grenache blanc | Mourvèdre |
| Bourboulenc | Carignan |
| Ugni Blanc | Folle |
| Clairette | Tibouren |

## EL SUDOESTE

Esta área extensa cubre varias zonas vinícolas y se extiende desde el sur de Bordeaux a la frontera española, incluyendo el País Vasco de Francia. Produce una gran variedad de vinos excelentes, tanto secos como dulces.

## Principales regiones AOC/AOP

Cahors
Bergerac
Buzet
Gaillac
Irouléguy
Tursan
Béarn
Jurançon
Pacherenc du Vic Bilh
Madiran
Monbazillac
Montravel
Pécharmant

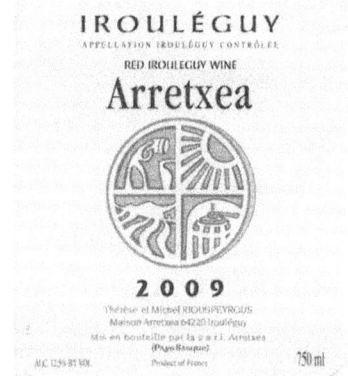

En Cahors reina la uva tinta Malbec (también conocida por los nombres Cot y Auxerrois). Produce vinos concentrados y robustos con taninos bien definidos y aromas de mora negra, violetas y regaliz.

Tannat es la uva tinta predominante en Irouléguy, Madiran, Béarn y Tursan. Esta uva corpulenta ofrece vinos robustos con taninos potentes que se benefician con varios años de maduración.

## NORDESTE: JURA Y SAVOIE

Al nordeste de Francia en la zona montañosa de los Alpes franceses se encuentran Jura y Savoie, áreas vinícolas cerca de la frontera Suiza.

Los vinos más conocidos son Arbois, Château-Chalon, Côtes du Jura, Macvin du Jura, Vin de Savoie, Roussette de Savoie, Crépy y Seyssel.

Un estilo de vino que se destaca en el área de Jura es *Vin Jaune* ("vino amarillo"). Producido con la uva blanca Savagnin en cosecha tardía y añejado por un mínimo de 6 años, el vino ofrece aromas y sabores de nueces tostadas y azúcar morena, semejante al Jerez.

## CORSICA

La isla Mediterránea de Corsica (situada entre Italia y Francia) ofrece vinos aromáticos provenientes de las denominaciones Patrimonio, Corse Figari, Ajaccio, Muscat du Cap Corse y Vin de Corse.

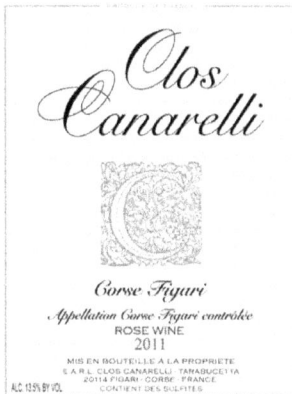

### Los vinos franceses en el mercado mundial

A través de los siglos las etiquetas de vino francesas han destacado el lugar de origen (tal como Bordeaux o Bourgogne) en vez de las uvas (tal como Cabernet Sauvignon o Chardonnay). Este concepto tradicional esta ligado al concepto de *terroir*, que imprime el gusto del lugar de origen sobre el vino. En muchas ocasiones, la práctica de no indicar las uvas en la etiqueta resulta contraproducente, ya que la mayoría de los consumidores en el mercado mundial prefieren comprar vinos en base a las uvas utilizadas en su producción.

La industria vinícola francesa se está adaptando al sistema de indicar las uvas en la etiqueta, aunque no todos los productores están de acuerdo, y muchos continúan la practica de indicar únicamente el lugar de origen. Lo importante es que Francia está dando pasos para recuperar su competitividad en el mercado mundial, y a su vez, de conquistar nuevos paladares.

*Para más información:*

| | |
|---|---|
| *Vins de France* | *www.frenchwinesfood.com* |
| *Bordeaux  Wine Council* | *www.bordeaux.com/us* |
| *Bourgogne Wine Board* | *www.burgundy-wines.fr* |
| *Inter Rhône* | *www.rhone-wines.com* |
| *Alsace Wine Council* | *www.vinsalsace.com* |
| *Loire Valley Wine Bureau* | *www.loirevalleywine.com* |
| *Sud-Ouest Wine Association* | *www.france-sudouest.com* |
| *Champagne Committee* | *www.champagne.fr* |
| *Champagne Bureau USA* | *www.champagne.us* |
| *Languedoc Wine Council* | *www.languedoc-wines.com* |
| *Beaujolais Wine Association* | *www.beaujolais-wines.com* |
| *Provence Wine Council* | *www.provencewineusa.com* |

# 7. ITALIA

Los antiguos griegos introdujeron la viticultura al sur de Italia y Sicilia hace 4,000 años. En aquellos tiempos el área tenía el sobrenombre "Enotria," que en griego significa "tierra de vinos." El imperio Romano producía enormes cantidades de vino y controlaba su comercialización a través de Europa. Durante siglos, la industria vinícola italiana continuó su evolución y ascendencia. Hoy en día Italia es uno de los primeros países productores de vinos del mundo — y también uno de los primeros consumidores!

## Ley de vinos

La ley de vinos italiana (establecida en 1963) fue modelada sobre la base del sistema AOC de Francia; solo se añadieron algunas modificaciones propias a sus tradiciones y patrimonio. A diferencia de los vinos franceses, los vinos italianos establecen requerimientos de añejamiento.

## Principales elementos controlados por la ley

- Lugar de origen/área de producción.

- Variedad de uvas que pueden ser utilizadas.

- Rendimiento máximo por hectárea.

- Requerimientos de añejamiento.

## Niveles de clasificación

- *Vino da Tavola (VdT)*
  La jerarquía más baja. Los vinos pueden proceder de cualquier parte de Italia y no se rigen por reglamentos específicos. Equivalente a la categoría francesa *Vin de France*.

- *Indicazione Geografica Tipica (IGT)*
  Categoría en pleno auge. Vinos de regiones determinadas con algunos criterios de producción. Se permite indicar la uva en la etiqueta y pueden utilizar una gama amplia de uvas. Equivalente a la categoría francesa *Vin de Pays*.

- *Denominazione di Origine Controllata (DOC)*
  Vinos de áreas geográficas definidas con estrictos controles de producción. Equivalente a la categoría francesa *AOC*.

- *Denominazione di Origine Controllata Garantita (DOCG)*
  Similar a los vinos DOC pero con reglamentos más estrictos de rendimiento y añejamiento.

```
        /\
       /  \
      /DOCG\
     /------\
    /  DOC   \
   /----------\
  /    IGT     \
 /--------------\
/      VDT       \
------------------
```

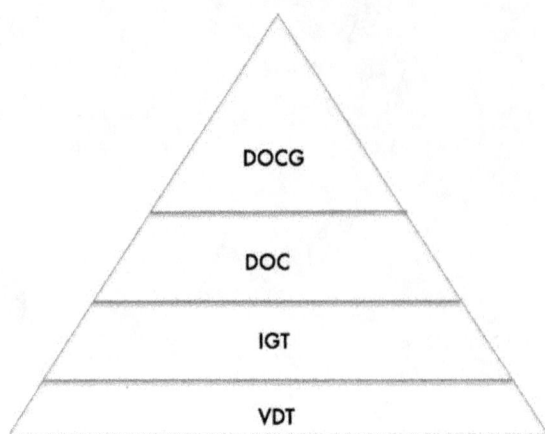

## Principales uvas

| Blancas | Tintas |
|---------|--------|
| Pinot Grigio | Sangiovese |
| Trebbiano | Nebbiolo |
| Vermentino | Barbera |
| Verdicchio | Aglianico |
| Malvasia | Dolcetto |
| Garganega | Corvina |
| Moscato | Nero d'Avola |

*Uva blanca: Moscato*

Ofrece aromas exóticos y perfumados de flores, miel, frutas tropicales, limón, melón, durazno y albaricoque. Produce vinos de bajo contenido alcohólico con una ligera dulzura y acidez jugosa.

*Uva blanca: Pinot Grigio*

Conocida en otros países como Pinot Gris, es una de las uvas más populares del mundo. Su producción en Italia está concentrada en las regiones de Lombardia, Alto Adige y Friuli-Venezia-Giulia. Ofrece vinos ligeros y secos, con una corriente de acidez refrescante.

*Uva tinta: Barbera*

Cultivada esmeradamente en los pueblos de Alba y Asti, ofrece aromas y sabores de frambuesa, mora negra y cereza. Produce un vino de cuerpo estilizado, afrutado, con una acidez jugosa que a veces se beneficia de pasar un tiempo en barricas de roble.

*Uva tinta: Nebbiolo*

Produce vinos robustos, corpulentos y tánicos que se pueden apreciar mejor después de diez años de maduración. Ofrece aromas exóticos de cerezas negras, regaliz, eucalipto, brea/alquitrán y pétalos de rosa.

*Uva tinta: Sangiovese*

La uva más plantada en Italia. En general produce vinos de cuerpo mediano con taninos firmes y una buena dosis de acidez. Ofrece aromas de cereza negra, fresa y cuero con toques florales de violetas.

## Principales regiones vinícolas

Piemonte
Toscana
Liguria
Emilia-Romagna
Lombardia
Veneto
Alto Adige
Friuli-Venezia-Giulia
Umbria
Abruzzi
Marches
Campania
Apulia
Calabria
Basilicata
Sicilia
Sardinia

**ITALIA**
Principales Regiones Vinícolas

## Principales vinos tintos

## Piemonte

### Barolo

El vino tinto más famoso de Piemonte es Barolo, considerado "el rey de los vinos italianos." Producido con la uva Nebbiolo, ofrece vinos intensos y corpulentos con taninos firmes. Tiene excelente capacidad de añejamiento y se recomienda disfrutarlos después de 10 años de edad, cuando ofrecen una textura melosa con aromas de fruta seca, brea/alquitrán, cuero, regaliz y pétalo de rosa. Si el término *Riserva* aparece en la etiqueta, significa que el vino recibió un mínimo de 5 años de maduración antes de salir a la venta.

### Barbaresco

Aunque suena como un personaje de una película de terror, Barbaresco es uno de los vinos tintos más elegantes y exquisitos de Italia. Si bien Barolo es "el rey de los vinos italianos" Barbaresco puede considerarse "el príncipe de los vinos italianos." Los viñedos están a solo unos kilómetros de Barolo y también utilizan la uva Nebbiolo. Cuando el término *Riserva* aparece en la etiqueta, esto significa que el vino recibió un mínimo de 4 años de maduración antes de salir a la venta. Barbaresco necesita menos tiempo para madurar, así que puede disfrutarse más joven que Barolo.

## Toscana

### Chianti:  Embajador de Italia en el mundo

El vino tinto italiano más conocido alrededor del mundo es Chianti, proveniente de la región de Toscana. Los vinos de Chianti están elaborados principalmente con la uva Sangiovese.

La zona de Chianti esta dividida en siete subregiones. De ellas, la más grande es la región de Classico.

- Classico
- Colli Aretini
- Colli Fiorentini
- Colline Pisane
- Colli Senesi
- Montalbano
- Rufina

En 1996, la zona Classico recibió su propia clasificación DOCG, con normas de producción diferentes a otras subregiones de Chianti. Los vinos Chianti producidos en Classico deben madurar un año antes de salir a la venta. Si aparece el término *Riserva* en la etiqueta, significa que fue madurado dos años antes de salir a la venta.  Las botellas de Chianti Classico se distinguen por el sello del *Gallo Nero* (gallo negro).

*Brunello di Montalcino*

Un vino tinto intenso y concentrado producido con la uva Sangiovese, conocida como Brunello en el área de Montalcino. Debe ser madurado por lo menos 5 años antes de salir a la venta, mientras que la versión más joven del mismo vino, Rosso di Montalcino, solo necesita madurar un año. Rosso di Montalcino presenta un perfil más afrutado y menos concentrado que Brunello di Montalcino.

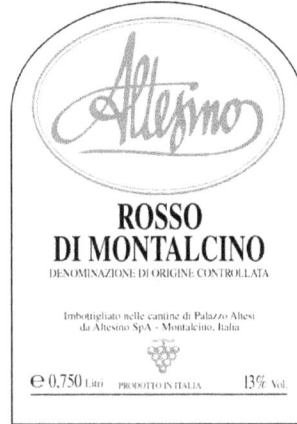

*Vino Nobile di Montepulciano*

Producido en el pueblo de Montepulciano, el vino está compuesto de por lo menos un 70% de la uva Sangiovese (conocida como Prugnolo Gentile en la región), con el 30% restante de otras uvas de Toscana. Tiene una estructura dinámica con buena acidez y taninos que le dan capacidad de madurar. Se madura por dos años antes de salir al mercado, con un año adicional si la etiqueta dice *Riserva*. Rosso di Montepulciano es la versión más joven del mismo vino.

## Tradición vs. novedad:  el fenómeno de los vinos Súper-Toscanos

En los años 1970 varios productores "de vanguardia" en Toscana empezaron a experimentar con vinos elaborados de uvas extranjeras combinadas con uvas indígenas italianas. Ya que no seguían las reglas impuestas para su región, solo podían usar la clasificación más baja, *Vino da Tavola*, para sus vinos.

Esto no impidió que los críticos y los consumidores elogiaran, premiaran y compraran estos vinos, que alcanzaron precios estratosféricos — un fenómeno incompatible con su estatus reducido de *Vino da Tavola*. La prensa les puso el apodo *Súper Toscanos* a estos vinos de estilo moderno y accesible al paladar contemporáneo.

Cuando la ley de vino fue revisada en 1992, se creó la categoría *Indicazione Geografica Tipica* para acomodar los Súper Toscanos y otros vinos similares de otras regiones. Esto permitió cierta flexibilidad en la producción a la vez que identificó los vinos por su lugar de origen.

## Veneto

### Valpolicella y Amarone

La región de Veneto es caracterizada por tres variedades de uvas tintas que se utilizan juntas: Corvina, Rondinella y Molinara. Esta combinación se usa para Valpolicella, un vino tinto ligero, afrutado y aromático que puede servirse ligeramente frío, al igual que el Beaujolais francés.

Las mismas uvas se usan para producir Amarone, un vino tinto corpulento y concentrado (similar a un Oporto) con aromas de cereza negra, pasas, higo y especias. Amarone es elaborado usando el proceso de *appassimento*, una práctica tradicional desde los tiempos de la antigüedad. Al cosecharse la uvas, se extienden sobre esteras de paja donde se secan al punto de volverse pasas. Estas uvas pasas se fermentan hasta producir un vino concentrado y espeso que puede madurar por muchos años. Existen dos versiones: el vino seco llamado Amarone della Valpolicella y el dulce llamado Reciotto della Valpolicella.

DEGANI

VALPOLICELLA

DENOMINAZIONE DI ORIGINE CONTROLLATA

CLASSICO

2009

imbottigliato da:
F.lli Degani Valgatara (Verona) Italia

CESARI

Amarone
della Valpolicella

Denominazione di Origine Controllata

Classico

Gerardo Cesari S.p.A.          Cavaion Veronese

### Bardolino

La combinación de uvas utilizada para el vino tinto Bardolino puede incluir Corvina, Rondinella, Molinara, Barbera, Sangiovese y Garganega. La versión rosé/rosada se llama Bardolino Chiaretto y es un vino muy popular en Italia.

## Sicilia

La industria vinícola en la isla de Sicilia está en pleno auge y goza de un renacimiento de vinos de calidad. La uva tinta Nero d'Avola, la estrella de este firmamento, puede utilizarse por su cuenta o combinarse con otras variedades indígenas para producir vinos firmes con aromas y gustos concentrados.

Sicilia también es la cuna del vino Marsala, asociado a la muy conocida salsa Marsala. Marsala se produce en versiones secas y dulces, indicados por los términos Secco, Semisecco o Dolce en la etiqueta.

Alerta: En Estados Unidos existen marcas de vinos para cocinar que usan el término Marsala en la botella, pero no son auténticos. Evite estos vinos fraudulentos y compre una botella de auténtico Marsala, que es un vino ideal tanto para tomar como para cocinar.

## Principales vinos blancos

La mayoría de los vinos blancos italianos son ligeros de cuerpo, secos y refrescantes. Son ideales para acompañar pescados, mariscos, pollo, pavo, jamón/charcuterías, pastas, ensaladas y entremeses.

| Región | Vinos |
|---|---|
| Campania | Greco di Tufo |
| Campania | Fiano di Avellino |
| Friuli-Venezia Giulia | Colli Orientali del Friuli |
| Friuli-Venezia Giulia | Pinot Grigio |
| Lazio (Roma) | Frascati |
| Piemonte | Gavi |
| Piemonte | Roero |
| Sardinia | Vermentino di Sardegna |
| Toscana | Vernaccia di San Gimignano |
| Umbria | Orvieto |
| Veneto | Soave |

BENI DI
BATASIOLO
Gavi
Denominazione di Origine Controllata
e Garantita
del Comune di Gavi
WHITE WINE
BOTTLED BY BATASIOLO S.P.A. - LA MORRA - ITALY
Net contents 750 ml    Alcohol 12% by vol.
PRODUCT OF ITALY

Pinot Grigio
delle Venezie
INDICAZIONE GEOGRAFICA TIPICA
2010
ZENATO

## Burbujas italianas

Los tres vinos espumosos mas renombrados de Italia son Franciacorta (Lombardia), Asti Spumante (Piemonte) y Prosecco (Veneto).

La región de Franciacorta ocupa el primer lugar en calidad y cantidad de producción. Sus vinos espumosos se elaboran por el *Méthode Champenoise*, el mismo método de Champagne, Francia. Las uvas principales son Chardonnay, Pinot Blanc y Pinot Noir.

Los vinos Asti Spumante y Prosecco se producen con el método Charmat. Asti utiliza la uva Moscato y es ligeramente espumoso. Moscato d'Asti es la versión dulce.

Prosecco, un vino espumoso muy popular en todo el mundo, se produce en dos versiones: *spumante* (totalmente espumoso) y *frizzante* (ligeramente espumoso).

Para más información:

Italian Institute of Foreign Trade          www.italianmade.com
Consorcio de Chianti Classico               www.chianticlassico.com

# 8. ESPAÑA

España ha producido vino durante 3,000 años. A través de los siglos su producción de vinos tuvo varios altibajos, incluyendo una paralización de la industria vinícola durante la Guerra Civil (1936-1939) y la Segunda Guerra Mundial (1939-1945).

En los años 1980 la industria vinícola española entró en una etapa de renovación. Las tradiciones se combinaron con la modernización, y se hicieron grandes inversiones en equipos modernos y técnicas nuevas para la producción. Este renacimiento de innovación y calidad dio como resultado una explosión de éxito a nivel internacional. Hoy en día España es el tercer país del mundo en producción de vinos (2012).

## Ley de Vinos

La ley de vinos española es similar al sistema AOC de Francia, aunque contiene modificaciones propias a sus tradiciones y patrimonio. A diferencia de los vinos franceses, los vinos españoles establecen requerimientos de añejamiento.

## Principales elementos controlados por la ley

- Lugar de origen/área de producción.
- Variedad de uvas que pueden ser utilizadas.
- Rendimiento máximo por hectárea.
- Requerimientos de añejamiento.

## Niveles de clasificación

- ***Vino de Mesa (VDM)***
  Vinos de la jerarquía más baja. Pueden proceder de cualquier parte de España y no se rigen por reglamentos específicos. Generalmente son vinos de rendimiento muy alto con gustos y sabores diluidos. Equivalente a la categoría francesa *Vin de France*.

- ***Vino de la Tierra (VdlT)***
  Vinos de regiones determinadas con algunos criterios de producción. Pueden utilizar una amplia gama de uvas y experimentar con métodos de elaboración y maduración. Equivalente a la categoría francesa *Vin de Pays*.

- ***Vino de Calidad con Indicación Geográfica (VCIG)***
  Vinos de una región determinada, con uvas procedentes de la misma. Están en "lista de espera" para ser promovidos al próximo nivel, DO.

- *Denominación de Origen (DO)*
  Vinos de áreas geográficas definidas con estrictos controles de producción. Equivalente a la categoría francesa AOC/AOP.

- *Denominación de Origen Calificada (DOCa)*
  Vinos de regiones con un historial comprobado de calidad consistente y estrictos controles de producción. Por el momento (2013) solo 2 regiones pertenecen a este nivel: Rioja y Priorato.

- *Vino de Pago  (DOC/DOCa Pago)*
  Viñedos y productores que se destacan por su excelencia; deben ser embotellados dentro de la propiedad. Cabe notar que el término "pago" no tiene ningún significado económico o financiero. Equivalente a los vinos franceses *Grand Cru.*

## Niveles de añejamiento

- *Joven*
  Vinos con menos de un año de añejamiento en barril, o sin ningún añejamiento.

- *Crianza*
  Tintos: añejamiento mínimo de 24 meses; al menos 6 en barril.
  Blancos y rosados: añejamiento mínimo de 18 meses.

- *Reserva*
  Tintos: añejamiento mínimo de 36 meses; al menos 12 en barril.
  Blancos y rosados: añejamiento mínimo de 18 meses; al menos 6 en barril.

- *Gran Reserva*
  Tintos: añejamiento mínimo de 60 meses; al menos 18 meses en barril.
  Blancos y rosados: añejamiento mínimo de 48 meses; al menos 6 en barril.

## Principales uvas

| *Blancas* | *Tintas* |
|---|---|
| Airén | Tempranillo/Tinto Fino/Tinto del País |
| Albariño | Monastrell/Mourvèdre |
| Godello | Cariñena/Mazuelo |
| Viura/Macabeo | |
| Garnacha/Grenache | |
| Verdejo | |
| Parellada | |
| Xare-lo | |
| Palomino | |
| Pedro Ximénez | |

*Uva blanca: Godello*

Uva en pleno auge. De cuerpo mediano con aromas y sabores de manzana verde, pera, y melocotón.

*Uva blanca: Verdejo*

De textura amplia y suave, Verdejo ofrece vinos aromáticos con aromas de melón, manzana y notas de mineralización.

*Uva blanca: Viura*

También conocida como Macabeo, esta uva tiene cuerpo amplio y acidez moderada. Ofrece aromas de melón, limón, coco y almendras.

*Uva tinta: Tempranillo*

Ofrece vinos de cuerpo medio con aromas de mora, ciruela, cuero y notas de tabaco. Su acidez destacada es ideal para acompañar una gran variedad de comidas.

## Principales regiones vinícolas

Rioja
Priorato
Ribera del Duero
Penedès
Rías Baixas
Navarra
Rueda
Jerez

ESPAÑA
Principales Regiones Vinícolas

## Rioja

Rioja está dividida entre Rioja Alta, Rioja Baja y Rioja Alavesa. Además de ser la región vinícola más famosa de España, Rioja fue la primera en recibir la calificación DOCa. Utiliza la uva Tempranillo como ingrediente principal, generalmente combinada con Garnacha, Graciano y Mazuelo. Algunos productores agregan uvas internacionales como Cabernet Sauvignon y Merlot a la mezcla. Los vinos blancos usan la uva Viura, combinada frecuentemente con Malvasía y Garnacha Blanca.

*Viña Real*
PLATA
CRIANZA 2007
RIOJA

*Viña Real*
ORO
RESERVA 2004
RIOJA

*Viña Real*
GRAN RESERVA
2001
RIOJA

### Priorat /Priorato

Priorat, también conocido como Priorato, se encuentra en la región de Cataluña. Su suelo volcánico tiene características únicas que reflejan la luz solar mientras conservan calor. La mayoría de los viñedos de Priorat están ubicados en colinas empinadas, lo cual hace obligatoria la cosecha a mano. Los vinos tintos de Priorat están elaborados principalmente con las uvas Garnacha, Cariñena, Cabernet Sauvignon, Merlot y Syrah. Son vinos muy perfumados con sabores opulentos de cereza negra, mora negra, regaliz y tierra.

### Ribera del Duero

Esta región rodea el río Duero y contiene muchos viñedos situados a gran altitud. Su clima de días calurosos y noches frías produce vinos robustos, de gran estructura y con potencial de maduración. La mayoría de los vinos son tintos, utilizando las uvas Tempranillo, Cabernet Sauvignon, Merlot y Garnacha.

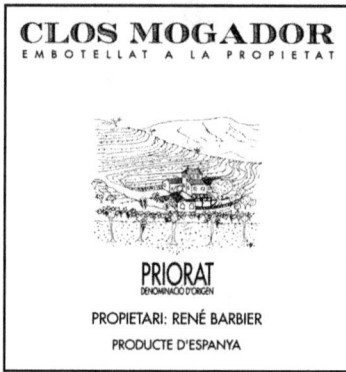

### Rías Baixas

Situada en la parte costera de Galicia, Rías Baixas ha recibido atención mundial por sus vinos blancos hechos con la uva Albariño. Ofrece vinos nítidos y refrescantes, ideales para acompañar todo tipo de pescados.

### Penedès: Cuna de los vinos espumantes cava

Penedès está localizado cerca de la ciudad de Barcelona, en la región de Cataluña. Ofrece un clima mediterráneo y viñedos a diferentes altitudes. La ciudad de Sant Sadurní d'Anoia es el epicentro de la producción de cava, un vino espumoso elaborado por el *Méthode Champenoise*. Utiliza las uvas blancas Macabeo, Parellada y Xare-lo. Aparte de cava, Penedès también produce vinos blancos, tintos y rosados.

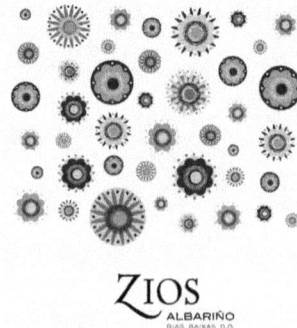

## Otras regiones

### Rueda

Situada al norte de Madrid, es conocida por sus vinos blancos hechos con Verdejo, Viura y Sauvignon Blanc.

### Navarra

Área que se distingue por vinos elaborados con Garnacha,Tempranillo, Cabernet Sauvignon, Merlot, Graciano y Mazuelo. Sus vinos rosados son considerados los mejores de España.

### Toro

Esta región contiene muchas viñas viejas, entre ellas algunas con 40, 50, 100 y hasta 150 años de edad. La principal uva tinta es Tempranillo, conocida como Tinta de Toro en la región. También se cultivan Garnacha, Verdejo y Malvasía.

## Vinos de Jerez

Jerez, también conocido como Xérès (*inglés:* Sherry) contiene las regiones Jerez de la Frontera, Sanlúcar de Barrameda y Puerto de Santa María.

El vino de Jerez se produce en diferentes estilos, desde seco hasta dulce. Palomino es la uva principal usada en los vinos secos, ya que es neutral y permite al vino adquirir aromas y sabores a través del proceso de maduración. Las otras dos uvas, Pedro Ximénez y Moscatel, se utilizan para los vinos dulces.

### El sistema de solera

Inicialmente el Jerez se fermenta igual que cualquier otro vino. Después de la fermentación, el vino es designado Fino u Oloroso, y de allí pasa por el método de crianza (maduración) en *solera*.

La solera se compone de varias filas de barriles de vino de Jerez apilados unos sobre otros, a diferentes niveles. Cada nivel, o fila de barriles, se llama *criadera*. El vino más añejo se encuentra en los barriles próximos al suelo, mientras que el más joven se encuentra en los barriles superiores.

Una vez al año se extrae una porción de vino de los barriles próximos al suelo y se embotella. El vacío que queda en ese barril se rellena con vino del barril de la fila de encima, y así sucesivamente hasta llegar al barril más joven.

Este sistema garantiza una calidad constante del vino, ya que elimina la variedad entre cosechas, y mezcla las mejores cualidades de vinos jóvenes con vinos añejos.

EL SISTEMA DE SOLERA

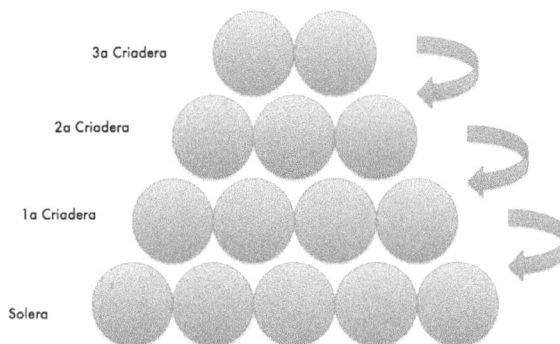

3a Criadera
2a Criadera
1a Criadera
Solera

## Estilos de Jerez

- *Fino*

  El Jerez Fino es el más seco y ligero, elaborado exclusivamente con uvas Palomino. Después de la fermentación, se agrega aguardiente al vino, fortificándolo hasta llegar a un nivel alcohólico alrededor de 15%. Seguidamente el vino se coloca en barriles, donde se forma una capa de levadura llamada *flor* en la superficie del vino. Esta *flor* está compuesta de microorganismos biológicos que afectan el vino durante su crianza. La *flor* es un fenómeno natural que ocurre únicamente en esta región de España. El sabor de Fino es de avellanas, con aromas de pan recién horneado.

- *Manzanilla*

  Manzanilla es una versión más ligera de Fino y proviene de Sanlúcar de Barrameda, donde el aire salado del mar se combina con la humedad de la región para generar un sabor único de levadura, almendras y camomila.

- *Amontillado*

  Este Jerez empieza como Fino y través del tiempo pierde la capa de flor, lo cual le da un color ámbar. Amontillado ofrece aromas de avellana tostada y puede ser producido como seco o semiseco.

- *Oloroso*

  Después de la fermentación inicial, el Jerez designado como Oloroso se fortifica con aguardiente hasta llegar a un nivel alcohólico mínimo de 17%. Oloroso es un Jerez seco y de cuerpo espeso con sabores de nueces tostadas y pasas.

- *Palo Cortado*

  Empieza como un Fino pero se añeja sin la capa de flor, y adquiere un color caoba brillante y aromas de avellanas tostadas. Tiene cualidades de Amontillado y Oloroso a la vez. Su producción es muy limitada.

- *Cream*

  Un Oloroso dulce con una textura espesa y sabor caramelizado.

- *Pale Cream*

  Un Fino dulce de cuerpo delicado.

- *Pedro Ximénez*

  También conocido por las iniciales PX, este Jerez es el más oscuro, concentrado y dulce. Tiene sabores de regaliz, café y pasas.

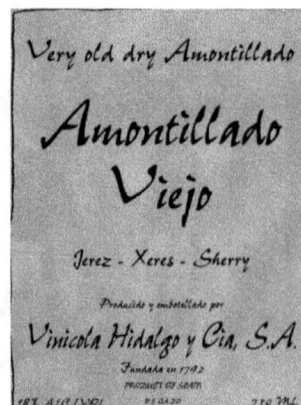

## ¿Cómo disfrutar los vinos de Jerez?

### Fino y Manzanilla

Se sirven frescos. Son ideales para acompañar tapas y otros platos salados.

### Amontillado

Se sirven frescos, tradicionalmente acompañando consomés, paella y risotto.

### Oloroso, Cream, Pale Cream y Pedro Ximénez

Se sirven a temperatura ambiente. Los Olorosos se pueden disfrutar con carnes, guisos y jamón. Los Cream y Pale Cream son ideales para acompañar nueces, postres y frutas. Los Pedro Ximénez acompañan al chocolate amargo, nueces, quesos azules y helado de vainilla.

*Para más información:*

| | |
|---|---|
| Trade Commission of Spain | www.winesfromspain.com |
| Consejo Regulador de Rías Baixas | www.doriasbaixas.com |
| Consejo Regulador de Ribera del Duero | www.drinkriberawine.com |
| Consejo Regulador de Toro | www.dotoro.com |
| Consejo Regulador de Rueda | www.dorueda.com |
| Consejo Regulador de Navarra | www.navarrawine.com |
| Consejo Regulador de Penedès | www.dopenedes.es |
| Consejo Regulador del Cava | www.crcava.es |
| Consejo Regulador de Priorat | www.doqpriorat.org |
| Consejo Regulador de Montsant | www.domontsant.com |
| Consejo Regulador de Jerez | www.sherry.org |
| Consejo Regulador de Rioja | www.riojawine.com |
| Asociación de Grandes Pagos de España | www.grandespagos.com |

# 9. PORTUGAL

Portugal ha producido vinos desde la época del Imperio Romano. Alrededor de 1700 Portugal empezó a exportar los vinos de Oporto y Madeira hacia Inglaterra, su cliente más importante durante décadas. Hoy en día los vinos portugueses son exportados a todos los rincones del mundo.

La mayoría de los vinos portugueses son producidos por grandes cooperativas. Los pequeños viticultores venden sus uvas a las cooperativas que a su vez elaboran, embotellan y venden el vino bajo sus propias etiquetas.

## Ley de Vinos

Al igual que otros países europeos, la ley de vinos en Portugal se asemeja al sistema AOC/AOP francés.

## Principales elementos controlados por la ley

- Lugar de origen.
- Variedad de uvas que pueden ser utilizadas.
- Rendimiento máximo por hectárea.
- Requerimientos de añejamiento.

## Niveles de clasificación

- *Vinho de Mesa*
  Estos vinos de la jerarquía más baja pueden proceder de cualquier parte de Portugal y no se rigen por reglamentos específicos. Equivalente a la categoría francesa *Vin de France*.

- *Vinho Regional*
  Vinos de regiones determinadas con algunos criterios de producción.

- *Indicação de Proveniência Regulamentada* (IPR)
  Vinos de regiones determinadas con regulaciones que permiten cierta flexibilidad. Equivalente a la categoría francesa *Vin de Pays*.

- *Denominaçao de Origem Controlada* (DOC)
  El nivel más alto y estrictamente regulado. Vinos de áreas geográficas definidas con controles de producción. Equivalente a la categoría francesa *AOC/AOP*.

## Principales uvas

*Blancas*
Albariño
Loureira

*Tintas*
Touriga Nacional
Tinta Roriz (Tempranillo en España)
Tinta Cão
Touriga Francesa
Tinta Barroca

*Uva blanca: Albariño*

Produce vinos de acidez nítida, cuerpo ligero y aromas de melocotón, toronja, almendras, flores blancas y minerales. Son ideales para pescados y ensaladas. Deben ser consumidos jóvenes, ya que no tiene capacidad de añejar.

## Principales regiones vinícolas

Alentejo
Bairrada
Dão
Douro
Vinho Verde

Minho
Vinho Verde

OPORTO    Douro

Dao

Bairrada

Alentejo

LISBOA

Setubal

**PORTUGAL**
Principales Regiones Vinícolas

### *Vinho Verde*

El Vinho Verde blanco es reconocido mundialmente y exportado a todos los países. El termino Vinho Verde no se refiere al color del vino; simplemente implica que el vino es joven.

La mayoría de los Vinhos Verdes están elaborados con la uva blanca Loureiro, aunque los mejores usan la uva blanca Albariño. El Vinho Verde blanco es refrescante y afrutado con aromas florales y de frutas cítricas, con acidez jugosa y un nivel alcohólico bajo. También se distingue por una muy ligera carbonación espumosa. Es el vino ideal para pescados y mariscos.

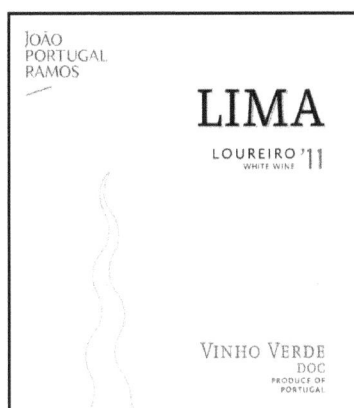

## Oporto

Oporto (*portugués:* Vinho do Porto/*inglés:* Port) es un vino tinto fortificado producido exclusivamente en las ciudades costeras de Oporto y Vila Nova de Gaia, localizadas alrededor del río Douro. Las uvas provienen de viñedos localizados en tres zonas oficiales: Baixo Corgo, Cima Corgo y Douro Superior.

Generalmente, el Oporto es un vino tinto dulce, aunque también se produce en estilos secos y en versión blanca. La versión tinta se produce con la uvas Touriga Nacional, Tinta Roriz, Tinta Cão, Touriga Francesa y Tinta Barroca.

El Oporto ha sido muy popular en Inglaterra desde los años 1700. En aquellos días el viaje por barco de Portugal hacia Inglaterra era muy largo y los vinos llegaban dañados. Para evitar ese problema los vinos se fortificaban con aguardiente, lo cual mejoraba sus probabilidades de llegar en buenas condiciones.

## Método de producción

Inicialmente el Oporto se produce igual que cualquier otro vino hasta el momento de la fermentación. Durante la fermentación se agrega un poco de aguardiente, lo cual detiene el proceso de fermentación. Como resultado, el vino mantiene un nivel de dulzura natural y un nivel alcohólico más alto. Seguidamente se decide si el Oporto va a ser añejado en botella o añejado en barril.

El Oporto añejado en botella no tiene contacto con oxígeno, así que mantiene por más tiempo su color rojizo vigoroso, gusto afrutado y textura suave.

El Oporto añejado en barril tiene contacto con reducidos niveles de oxígeno, lo cual le hace perder el color rojizo y le imprime sabores de nueces, fruta seca y madera.

Aunque todos los vinos Oporto pasan un tiempo en barril antes de ser embotellados, los vinos Oporto añejados en botella (Vintage Port y Single Quinta) pasan un tiempo muy corto en barril para luego pasar varios años en botella.

## Estilos de Oporto

*NOTA: Los términos utilizados para el vino de Oporto están en inglés. Esto se debe a que los ingleses eran los primeros clientes del vino de Oporto, y a su vez, impulsaron su producción y venta en el mercado mundial.*

- **Ruby**
  Ligero, joven, afrutado y listo para disfrutar.

- **Reserva o Premium Ruby**
  Una mezcla de los mejores Oportos *Ruby*.

- **Tawny**
  Aromas de frutas secas y madera, características que se acentúan con el tiempo.

- **Tawny con indicación de edad (10, 20 o 30 años)**
  Mezcla de Oportos *Tawny* de varias cosechas, con sabores de nueces, vainilla y una textura suave.

- **Colheita**
  Un Oporto *Tawny* de una sola vendimia añejado en barril por lo menos 7 años.

- **Late-Bottled Vintage o LBV**
  Oporto de una sola vendimia que pasa de 4 a 6 años en barril antes de ser embotellado.

- **Vintage**
  Oporto de una sola vendimia que únicamente se produce en aquellos años cuando la vendimia es declarada como excepcional. Luego de pasar dos años en barril, es embotellado y añejado en la botella por muchos años (generalmente entre 10 y 40 años).

- **Single Quinta**
  Oporto de una sola vendimia y de un solo viñedo. Es similar al *Vintage* pero se puede producir en años cuando la vendimia no es declarada excepcional, ya que proviene de los mejores viñedos. Después de dos años en barril es embotellado y añejado por lo menos 10 años adicionales antes de salir a la venta. Aun así, se recomienda al consumidor añejarlo por varios años más antes de consumirlo.

- **Garrafeira**
  Generalmente proviene de una sola vendimia y es añejado de 3 a 6 años en barril. Luego es envasado en botellas grandes de 11 litros (llamados *bon bon*) y añejado por lo menos 8 años más.

- **Crusted**
  Una mezcla de Oportos de varias vendimias, embotellado sin filtrar, lo cual produce un sedimento al igual que los Oportos *Vintage*. Es una manera económica de reproducir algunas características de los Oportos *Vintage*. Producción limitada.

### Oporto Blanco

Menos conocido que el famoso Oporto tinto, el Oporto blanco puede ser producido en varios estilos, de seco a semidulce. Se sirve frío, con hielo o con una rodaja de limón.

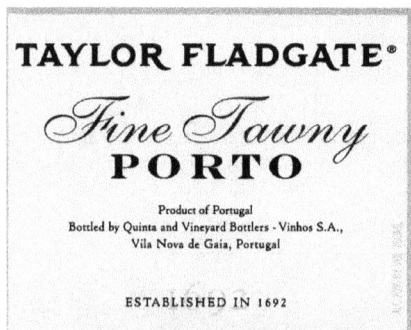

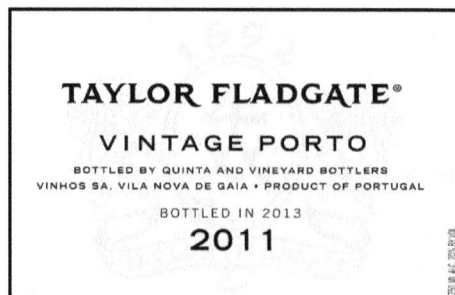

## Disfrutar el Oporto

El Oporto tinto se disfruta a temperatura ambiente. En general, se acostumbra tomarlo al final de una comida, acompañado de:

- Chocolate oscuro.

- Nueces tostadas.

- Frutas secas.

- Quesos fuertes añejos (especialmente los Cheddar) y quesos azules.

## Madeira

Madeira es un vino fortificado producido en la isla portuguesa de Madeira. La mayoría de los viñedos en esta pequeña isla volcánica con clima tropical están situados en laderas empinadas de las montañas, lo cual significa que la cosecha a mano es obligatoria.

El vino de Madeira ha sido apreciado por reyes y emperadores a través de la historia. George Washington, Thomas Jefferson y Benjamin Franklin eran grandes aficionados del vino de Madeira, el cual fue servido durante la firma de la Declaración de Independencia de USA en 1776.

### Uvas principales

| *Blancas* | *Tintas* |
|---|---|
| Sercial | Tinta Negra Mole |
| Verdelho | |
| Bual | |
| Malvasia | |

## Producción de Madeira

Durante varios siglos la isla de Madeira fue un importante punto de abastecimiento para los barcos que navegaban entre Europa hacia Asia y América.  Al igual que el Oporto, los vinos de Madeira se fortificaban con aguardiente para no dañarse durante su larga travesía. Mientras pasaban largo tiempo navegando en los trópicos, los vinos se "cocinaban" con el calor en los barcos y esto les imprimía sabores únicos, caramelizados.

Actualmente se reproduce este sabor sin necesidad de viajes largos en el mar. Existen dos métodos:

- ***Estufagem***
El método más común. El vino fortificado se guarda en tanques de acero inoxidable que son calentados durante un mínimo de tres meses. Después reposa por lo menos 90 días antes de ser embotellado, y luego se añeja por un tiempo adicional antes de salir a la venta.

- ***Canteiro***
El método para los vinos de mejor calidad.  El vino fortificado se almacena en barriles situados en las partes más altas de los almacenes donde el sol tropical lo calienta por lo menos durante dos años.

➢ *¡Una botella abierta de Madeira puede durar hasta un año sin dañarse!*

## Estilos de Madeira

Los cuatro estilos de Madeira se identifican de acuerdo con la variedad de uva utilizada. Por lo menos el 85% del vino debe estar compuesto de la uva indicada.

- *Sercial*
Seco. Se sirve fresco. Ligero, excelente como aperitivo, para acompañar salmón ahumado y sopas.

- *Verdelho*
Medio seco. Se sirve fresco. Color dorado y sabores balanceados entre acidez y dulzura. Ideal para acompañar una variedad de comidas.

- *Bual/Boal*
Medio dulce. Se sirve a temperatura ambiente. De color oscuro y textura aterciopelada, tiene sabores de pasas dulces. Se disfruta al final de las comidas y con quesos.

- *Malmsey/Malvasia*
Dulce. Se sirve a temperatura ambiente. Robusto, de mucho cuerpo y perfume intenso de caramelo y espresso. Aunque es dulce, tiene una corriente de acidez. Se disfruta al final de las comidas, como postre o para acompañar postres.

*Est.* 1878

## MILES
### MADEIRA WINE

### 1963 Sercial

Produced & bottled by
MADEIRA WINE COMPANY, S.A. FUNCHAL
PRODUCE OF THE ISLAND OF MADEIRA (PORTUGAL)
IMPORTED BY
VINEYARD BRANDS, INC. AMERICAN CANYON, CA.

GOVERNMENT WARNING: (1) ACCORDING TO THE SURGEON GENERAL, WOMEN SHOULD NOT DRINK ALCOHOLIC BEVERAGES DURING PREGNANCY BECAUSE OF THE RISK OF BIRTH DEFECTS. (2) CONSUMPTION OF ALCOHOLIC BEVERAGES IMPAIRS YOUR ABILITY TO DRIVE A CAR OR OPERATE MACHINERY, AND MAY CAUSE HEALTH PROBLEMS.

750 ML                    20% Vol.                    CONTAINS SULFITES

*Para más información*

*Vinos de Portugal*                    *www.winesofportugal.info*
*Instituto de Vinos de Douro y Porto*  *www.ivdp.pt*

# 10. ALEMANIA

En Alemania se han producido vinos desde los tiempos del Imperio Romano, pero fue en la Era Medieval (750-1400) cuando sus vinos empezaron a adquirir fama por su calidad. Hoy en día, Alemania ofrece una gran variedad de vinos secos, dulces y semidulces que podemos disfrutar con una gama extensa de comidas.

El clima de Alemania consiste en inviernos muy fríos, veranos cálidos, y otoños largos que facilitan la producción de vinos de alta calidad, especialmente los de cosecha tardía.

La mayoría de los viñedos en Alemania están situados alrededor de los ríos Rhine, Mosel, y sus tributarios.

## Principales regiones vinícolas

Ahr
Mittelrhein
Mosel
Rheingau
Nahe
Rheinhessen
Hessische Bergstrasse
Franken
Pfalz
Baden
Württemberg
Sachsen
Saale Unstrut

**ALEMANIA**
Principales Regiones Vinícolas

BERLIN

Saale Unstrut

Sachsen

Ahr      Mittelrhein

Mosel-Sar-Ruwer  Rheingau
          Nahe      Franken
          Rheinhessen
Pfalz

Baden

## Principales uvas

*Blancas*
Riesling
Sylvaner
Muller-Thurgau
Weissburgunder/Pinot Blanc
Grauburgunder/Pinot Gris

*Tintas*
Spätburgunder/Pinot Noir
Dornfelder

# Ley de Vinos

Alemania tiene un modelo de leyes vinícolas que sigue el guión de vinos franceses, pero a cierto punto se dispara hacia otro lado.

Los vinos alemanes están divididos en dos categorías principales:

**1. *Deutscher Tafelwein y Deutscher Landwein*** (Vinos de Mesa)
La jerarquía más baja. Vinos simples que no se exportan. Equivalente a la categoría francesa Vin de France.

**2. *Qualitatswein*** (Vinos de Calidad)
Vinos de áreas geográficas definidas con estrictos controles de producción. La mayoría de los vinos alemanes pertenecen esta categoría. Los vinos Qualitatswein están subdivididos en varios niveles de clasificación.

## Niveles de clasificación Qualitatswein

- ***QbA - Qualitatswein Bestimmter Anbaugebiete*** (Vino de Calidad de Origen)
Vinos provenientes de una de 13 regiones vinícolas calificadas. Si las uvas no alcanzan cierta madurez durante la cosecha, se puede agregar azúcar antes o durante la fermentación del vino (chaptalización). Equivalente a la categoría francesa *Vin de Pays.*

---

*Liebfraumilch*

Un estilo de vino QbA ligero y semidulce, que goza de gran popularidad alrededor del mundo. Se elabora con una mezcla de uvas tales como Silvaner, Kerner o Müller-Thurgau.

---

- ***Pradikatswein*** (Vino de Calidad con Atributos)
Estos vinos también provienen de una de 13 regiones vinícolas calificadas, pero además, están subdivididos de acuerdo con el grado de madurez de las uvas durante la cosecha. En general, mientras más maduras las uvas, más concentrado y corpulento el vino. Equivalente a la categoría francesa AOC/AOP.

  - ***Kabinett*** = Cosecha tradicional. Vinos ligeros de grado alcohólico menor, entre 7% y 10%.

  - ***Spätlese*** = Cosecha tardía, varios días después de la cosecha normal. Vinos de cuerpo mediano con aromas y sabores más expresivos.

  - ***Auslese*** = Cosecha tardía de racimos de uvas. Vinos con concentración de aromas y sabores que pueden llegar a tener un nivel alcohólico de hasta 15%.

  - ***Beerenauslese*** = Cosecha tardía de uvas individualmente seleccionada. Uvas cosechadas una por una, a mano. Vinos espesos, de aromas y sabores concentrados.

  - ***Eiswein*** = Cosecha tardía de uvas congeladas en el racimo, individualmente seleccionadas. Son prensadas mientras están congeladas. Eiswein solo pueden producirse cuando las circunstancias climáticas son ideales, lo cual ocurre raramente. Aunque son dulces, estos vinos son complementados por una acidez marcada. Figuran entre los mejores vinos dulces del mundo.

  - ***Trockenbeerenauslese*** = Cosecha tardía de uvas individualmente seleccionadas, maduradas sobre el racimo al punto de ser pasas; afectadas por *podredumbre noble.* Exquisitos vinos dulces con una concentración fabulosa de aromas y sabores. Solo pueden producirse cuando las circunstancias climáticas son ideales, lo cual ocurre raramente. Es posible que una persona pase todo un día recogiendo uvas para producir una sola botella. Son vinos exóticos, costosos y figuran entre los mejores vinos dulces del mundo.

Desde el nivel *Auslese* hasta *Trockenbeerenauselese*, la única manera de cosechar las uvas es a mano, lo cual aumenta el precio del vino.

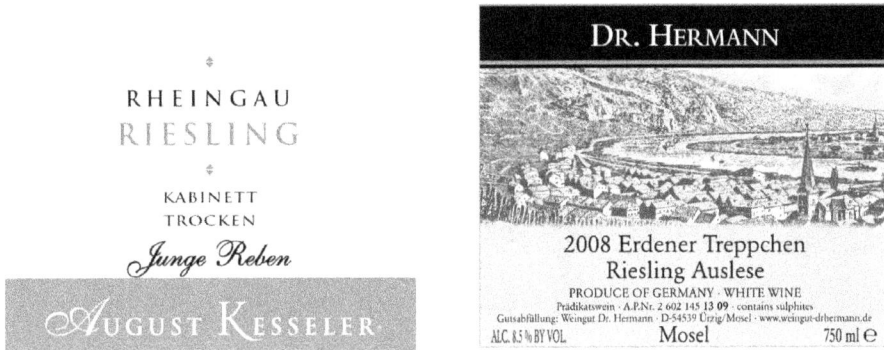

## Otros términos

Algunas etiquetas usan términos indicando el nivel de dulzura en el paladar:

- o *Trocken* (seco)
- o *Halbtrocken* (semiseco)
- o *Feinherb* (semidulce)
- o *Suss* (dulce)

### Classic

Esta clasificación fue introducida en 2000. Los vinos *Classic* son secos y están hechos con una de estas uvas: Riesling, Silvaner o Spätburgunder.

### Selection

Esta clasificación nueva identifica vinos secos de alta calidad hechos con uvas cosechadas a mano, que además están sujetos a leyes estrictas para su producción.

### VDP

Alrededor de 200 viñedos elites de Alemania pertenecen a una asociación, *Verband Deutscher Prädikatsweingüter* (VDP) cuyos miembros obedecen reglas de calidad y producción más estrictas que las normas impuestas por el gobierno. Los vinos de estos productores tienen un símbolo de águila con un racimo de uvas en el cuello de sus botellas.

*Para más información:*

*Wines of Germany/Deutsches Weininstitut*      *www.germanwineusa.com*
*Association of German Quality and Prädikat Wine Estates*      *www.vdp.de*

# 11. AUSTRIA

Austria ha producido vino durante siglos, pero fue en los años 1990 que sus vinos empezaron a hacer presencia en el mercado mundial. Los vinos austriacos están en pleno auge y se han hecho populares por sus cualidades singulares y su excelente calidad.

Aunque los inviernos son muy fríos en Austria, hay temperaturas moderadas alrededor del río Danubio que atraviesa la mayoría de los viñedos. Todos los viñedos de Austria están localizados al este del país, en la frontera con la República Checa, Eslovaquia, Hungría y Eslovenia.

## Principales regiones vinícolas

Niederösterreich
Burgenland
Steiermark
Wien/Viena

AUSTRIA
Principales Regiones Vinícolas

Weinviertel
Wachau  Niederösterreich
VIENA
Wien/Viena
Burgenland
Steiermark

## Principales uvas

*Blancas*
Grüner Veltliner
Welschriesling
Müller-Thurgau
Riesling

*Tintas*
Zweigelt
Blaufrankisch
Blauer Portugieser
St. Laurent

*Uva blanca: Grüner Veltliner*

Esta uva ha puesto los vinos de Austria en el mapa internacional de los vinos más destacados. Produce vinos de estructura firme y acidez jugosa con aromas de melón, limón, toronja, manzana verde, minerales, y un toque de pimienta blanca.

*Uva tinta: Zweigelt*

Uva creada en Austria en 1922, cruzando las uvas St. Laurent y Blaufränkisch. Es la uva tinta más cultivada en Austria. Produce vinos de cuerpo mediano, taninos muy suaves y aromas perfumados de cereza, ciruela y frambuesa.

## Ley de Vinos

La ley de vinos en Austria utiliza un modelo similar al de Alemania.

## Niveles de clasificación

En Austria existen tres sistemas de clasificación, cada uno con sus propias sub-clasificaciones:
- Clasificación nacional.
- Clasificación de la región de Wachau.
- Clasificación de denominaciones regionales DAC.

➤ *Clasificación Nacional*

- *Tafelwein* (Vino de Mesa) y *Landwein* (Vino de la Tierra)
  La jerarquía más baja. Vinos simples que no se exportan. Equivalente a la categoría francesa *Vin de France*.

- *Qualitatswein* (Vino de Calidad)
  Vinos de regiones vinícolas calificadas. Si las uvas no alcanzan cierta madurez a la hora de la cosecha, se puede agregar azúcar antes o durante la fermentación del vino (chaptalización). Equivalente a la categoría francesa *Vin de Pays*.

- *Kabinett*
  Un Qualitatswein seco, sin chaptalización. Equivalente a la categoría francesa *Vin de Pays*.

- *Pradikatswein* (Vino de Calidad con Atributos)
  Vinos de regiones vinícolas calificadas cuyas uvas deben alcanzar cierta madurez para ser cosechadas. No se permite la chaptalización. Equivalente a la categoría francesa *AOC/AOP*.

  - *Spätlese*
    Cosecha tardía, varios días después de la cosecha normal.

  - *Auslese*
    Cosecha tardía selecta de racimos de uvas.

  - *Beerenauslese*
    Cosecha tardía de uvas individualmente seleccionadas.

  - *Eiswein*
    Cosecha de uvas congeladas en el racimo, prensadas mientras están congeladas.

  - *Ausbruch*
    Cosecha tardía de uvas individualmente seleccionadas, afectadas por *pobredumbre noble*. Se agrega mosto de uvas no afectadas y se fermentan juntas.

  - *Trockenbeerenauslese*
    Cosecha tardía de uvas individualmente seleccionadas y maduradas al punto de ser pasas.

  - *Strohwein*
    Cosecha de uvas congeladas en el racimo; antes de ser fermentadas, las uvas se dejan secar sobre esteras de paja hasta volverse pasas.

> **Clasificación de Wachau**

- **Steinfeder**
  Equivalente a *Landwein*. Grado alcohólico máximo de 11.5%.

- **Federspiel**
  Equivalente a *Kabinett Qualitatswein*. Grado alcohólico entre 11.5% y 12.5%.

- **Smaragd**
  Equivalente a *Pradikatswein*. Grado alcohólico mínimo de 12.5%.

> **Clasificación de Denominaciones Regionales DAC**

Las siglas DAC vienen de *Districtus Austriae Controllatus*, que en Latín significa "Distrito Controlado de Austria." Actualmente (2012) hay ocho regiones designadas. Los vinos deben utilizar únicamente las uvas típicas aprobadas de su región.

| *Región* | *Uva* |
|---|---|
| Weinviertel DAC | Grüner Veltliner |
| Mittelburgenland DAC | Blaufränkisch |
| Traisental DAC | Grüner Veltliner y Riesling |
| Kremstal DAC | Grüner Veltliner y Riesling |
| Kamptal DAC | Grüner Veltliner y Riesling |
| Eisenberg DAC | Blaufränkisch |
| Neusiedlersee DAC | Zweigelt |
| Leithaberg DAC | Pinot Blanc, Chardonnay, Neuburger, Grüner Veltliner, Blaufränkisch |

*Para más información:*

Austrian Wine Institute

www.austrianwine.com

# 12. HUNGRÍA

Hungría goza de fama mundial por el vino Tokaj (también conocido como Tokaji o Tokay), cuya historia data desde 1700. Numerosos personajes a través de la historia han mencionado su predilección por el vino Tokaj, incluyendo Beethoven, Liszt, Goethe, Louis XIV, Napoleón III, Voltaire y Neruda, entre otros.

Los mejores vinos Tokaj son afectados por *podredumbre noble*, al igual que los famosos vinos Sauternes de Francia y Trockenbeerenauslese de Alemania. Estos vinos equilibran dulzura con acidez, lo cual evita cualquier sensación empalagosa en el paladar. Ofrecen aromas y sabores de frutas tropicales, albaricoque, melocotón, miel y especies exóticas.

## Principales uvas blancas

> Furmint
> Hárslevelû
> Muscat Blanc/Sárga Muskotály

## Estilos de Tokaj

- *Vinos secos*
  Vinos de uvas no afectadas por *podredumbre noble*. Llevan el nombre de la uva en la etiqueta: Tokaji Furmint, Tokaji Hárslevelû, Tokaji Sárga Muskotály. Se sirven fríos y se pueden disfrutar como un aperitivo, a la vez que con pescados y mariscos.

- *Szamorodni*
  Vinos de cosechas tardías cuyas uvas maduras están afectadas parcialmente por *podredumbre noble*. Se sirven fríos y pueden acompañar foie gras y comidas asiáticas.

- *Aszú*
  Vinos de uvas pasas afectadas por *podredumbre noble*. Cosechadas a mano, uva por uva, durante varios días, en un proceso tedioso y costoso. Los vinos se sirven fríos y pueden acompañar foie gras, quesos azules y postres.

  *Nivel de dulzura*

  | | |
  |---|---|
  | 3 Puttonyos | 60 – 90 gramos de azúcar residual por litro |
  | 4 Puttonyos | 90 – 120 gramos de azúcar residual por litro |
  | 5 Puttonyos | 120 – 150 gramos de azúcar residual por litro |
  | 6 Puttonyos | 150 – 180 gramos de azúcar residual por litro |

- *Eszencia*
  Vinos de extracto de uvas pasas afectadas por *podredumbre noble*. Este néctar se produce a través de una fermentación lenta que puede durar dos años o más. La dulzura de Eszencia es más concentrada que la miel pura y se aprecia mejor por su cuenta, gota por gota. Figura

entre los vinos mas raros, caros y exclusivos del mundo y puede durar más de 200 años.

*Nivel de dulzura 450 – 850 gramos de azúcar residual por litro*

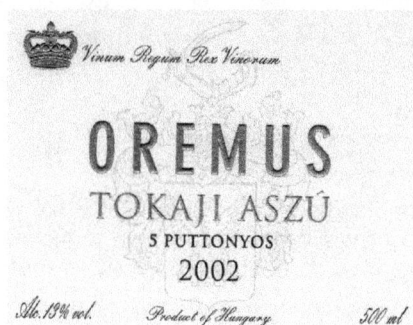

**Sangre de Toro**

Hungría también produce un vino tinto muy conocido alrededor del mundo, *Egri Bikavér,* que se traduce como "sangre de toro." Puede elaborarse de varias uvas; la más populares son Kékfrancos y Kadarka. En general es un vino de cuerpo robusto con taninos suaves.

*Para más información:*

Union of Classified Vineyards of Tokaj          www.tokaji.hu

# 13. GRECIA

Grecia ha producido vino durante 6,000 años y el vino griego se menciona en la *Ilíada* y la *Odisea* de Homero. El término "enología" proviene de la antigua palabra griega *oinos*, que significa vino.

La industria vinícola griega sufrió de varios altibajos a través de los siglos. En la década de los años 1990 surgió la "nueva ola" de vinos griegos, liderada por productores que invirtieron en tecnología para modernizar la industria. Esta revitalización vinícola elevó la calidad de los vinos griegos, los cuales han adquirido numerosas medallas en concursos internacionales.

Aunque los vinos griegos tienen nombres que son difíciles de pronunciar... ¡son fáciles de disfrutar!

**Ley de Vinos**

La ley de vinos griega es basada en el sistema francés, con algunas diferencias.

**Niveles de clasificación**

- *Epitrapezios Oinos* (Vinos de Mesa)
  Vinos simples de rendimiento alto con gustos y sabores diluidos. Equivalente a la categoría francesa *Vin de France*.

- *Topikos Oinos* (Vinos Regionales)
  Vinos de regiones determinadas con buenos criterios de producción. Equivalente a la categoría francesa *Vin de Pays*.

- *OPAP - Onomasia Proelefsis Anoteras Poiotitos* (Denominación de Origen de Calidad Superior)
  *Solo para vinos secos.* Vinos de áreas geográficas definidas con controles de producción. Equivalente a la categoría francesa AOC/AOP.

- *OPE - Onomasia Proelefsis Eleghomeni* (Denominación de Origen Controlada)
  *Solo para vinos dulces.* Vinos de áreas geográficas definidas con controles de producción. Equivalente a la categoría francesa AOC/AOP.

OPE y OPAP
*Denominación de Origen*

TOPIKOS OINOS - *Vino Regional*

EPITRAPEZIOS OINOS - *Vino de Mesa*

## Principales regiones vinícolas

En Grecia los viñedos están localizados a través de todo el país y en las islas. Su clima mediterráneo y numerosas zonas montañosas son ideales para cultivar uvas.

Macedonia
Epiro
Thessalia
Attica (Grecia Central)
Peloponeso
Islas del Mar Egeo
Islas del Mar Jónico

**GRECIA**
Principales Regiones Vinícolas

## Principales uvas

Grecia tiene más de 300 variedades de uvas indígenas. No se preocupe, ¡no tiene que memorizarlas todas! Basta con familiarizarse con las más utilizadas.

| Uvas Blancas | Estilo de vino |
|---|---|
| Assyrtiko | Nítido y brillante con aromas de miel, limón y notas minerales |
| Moschofilero | Cuerpo redondo con aromas de flores, miel, melon, frutas tropicales y especies |
| Robola | Elegante textura con aromas de melocotón, limón y notas minerales |
| Savatiano | Cuerpo ligero con aromas de lima, limón y flores |

| Uvas Tintas | Estilo de vino |
|---|---|
| Agiorghitiko | Vigoroso y sedoso con aromas afrutados de cereza, frambuesa y ciruela |
| Xinomavro | Corpulento y tánico con aromas de cereza, regaliz y especies |

En Grecia también se cultivan uvas internacionales que se mezclan con uvas indígenas para producir vinos de estilos originales. Las más populares son Merlot, Cabernet Sauvignon y Chardonnay.

## Retsina

Vino blanco elaborado principalmente con la uva Savatiano y con resina de árbol de pino Aleppo. Esta practica es una costumbre de la antigüedad, cuando el vino se guardaba en ánforas cerámicas. Las ánforas se sellaban con resina de pino para impedir que el oxígeno afectara el vino; a consecuencia la resina transmitía sus aromas al vino. Hoy en día, el vino Retsina se produce agregando un poco de resina de pino Aleppo al mosto durante el periodo de fermentación. Retsina es un vino popular servido en las tabernas de Grecia.

## Mavrodaphne

Vino tinto dulce de color oscuro como el ébano, elaborado con la uva del mismo nombre. El vino se asemeja mucho al Oporto, aunque su producción utiliza el sistema de solera similar al de Jerez. Ofrece aromas y sabores exquisitos de café, nueces tostadas, manzanas horneadas, caramelo, chocolate y cerezas. Es el vino dulce griego más exportado internacionalmente.

*Para más información:*

| | |
|---|---|
| *Greek Wine Bureau* | *www.allaboutgreekwine.com* |
| *New Wines of Greece* | *www.newwinesofgreece.com* |

# 14. ISRAEL Y LOS VINOS KOSHER

Aunque la producción de vino en Israel empezó en los tiempos bíblicos antes de Cristo, durante muchos años permaneció inactiva. Desde la década de 1990 la industria vinícola dio un gran salto en producción, tanto en calidad como en cantidad.

## Principales regiones vinícolas

Galilea (incluyendo los Altos de Golán)
Judea
Samaria
Sansón
Negev

## Principales uvas

*Blancas*
Chardonnay
Sauvignon Blanc
Emerald Riesling
Muscat Canelli

*Tintas*
Cabernet Sauvignon
Merlot
Syrah

**ISRAEL**
Principales Regiones Vinícolas

Galilea

Samaria

TEL AVIV

Sansón

Judea

Negev

## ¿Qué es un vino *kosher*?

Kosher es una palabra hebrea que significa "puro" o "apropiado." Los vinos kosher son elaborados de acuerdo con las leyes de la religión judía.

Reglas básicas para certificar vinos kosher:

o Solo un judío que observa el Sabbath puede tocar las uvas y el vino durante su producción.

- La maquinaria y objetos utilizados en la elaboración del vino deben ser limpiados bajo la vigilancia de un rabino.
- Solo se permite utilizar ingredientes kosher en su producción.

Los vinos certificados "kosher para Passover" (Pesach) no deben tener contacto con harina, pan y cereales.

La mayoría de los vinos kosher se producen en Israel, Estados Unidos y Francia.

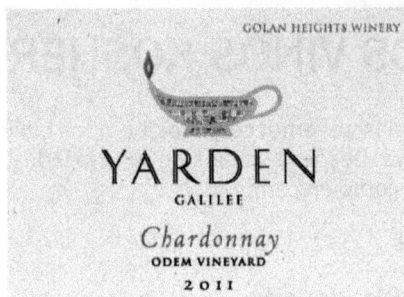

*Para más información:*

*Israeli Wine Producers Association          www.iwpa.com*

# 15. ESTADOS UNIDOS

La producción de vinos en Estados Unidos empezó desde que los primeros peregrinos llegaron de Inglaterra alrededor de 1620. La producción de vinos recibió un impulso en 1830 cuando misioneros españoles sembraron viñedos en California, donde el clima era ideal para la viticultura.

En 1919 la industria vinícola de Estados Unidos se paralizó por completo debido a la Ley de Prohibición que prohibió la elaboración, venta y transporte de alcohol en todo el país. En 1933 la Ley de Prohibición fue eliminada, y la industria vinícola renació. Hoy en día Estados Unidos es el cuarto productor de vinos mundial (2012).

Varios pioneros forjaron la industria de los vinos americanos, incluyendo Ernest & Julio Gallo, Charles Krug, Agoston Harazthy y Andre Tchelistcheff. El personaje más destacado, Robert Mondavi, fundó su bodega en 1966 en el Valle de Napa. Su visión lo llevó a liderar la calidad de los vinos del Valle de Napa y promoverlos alrededor del mundo.

**"El Juicio de Paris"**

En 1976, para celebrar el bicentenario de la independencia de Estados Unidos, el británico Steven Spurrier organizó un concurso de vinos en París, Francia. El concurso consistía en una prueba a ciegas entre vinos norteamericanos desconocidos y vinos franceses de gran categoría. Los jueces, todos franceses, eran distinguidos expertos de vino, personajes destacados de la gastronomía y famosos productores de vino. Ellos eligieron los vinos ganadores en ambas categorías, blanco y tinto. A su gran sorpresa, los vinos desconocidos de Estados Unidos recibieron el honor mas alto, superando a los vinos franceses:

> #1 Blanco: Chateau Montelena 1973 Chardonnay, Napa Valley, California.

> #1 Tinto: Stag's Leap Wine Cellars 1973 Cabernet Sauvignon, Napa Valley, California.

Este evento y sus resultados establecieron a Estados Unidos (especialmente el área de Napa, California) como un país productor de vinos de gran calidad.

**Ley de Vinos**

A diferencia de los países europeos, los productores en Estados Unidos tienen plena libertad de cultivar las uvas que deseen y escoger los métodos de elaboración de su preferencia.

En 1980 Estados Unidos implementó el sistema de Áreas Viticulturales Americanas (AVA). El término AVA es similar al término francés *Appellation d'Origine*, el término español *Denominación de Origen*, y el término italiano *Denominazione di Origine*.

La ley de vinos supervisa dos principales elementos:

- Delimita los límites geográficos para las regiones de viñedos (AVA).

- Si una región AVA aparece en la etiqueta de la botella, por lo menos el 85% de las uvas deben ser cultivadas dentro de la región AVA mencionada.

En Estados Unidos existen más de 200 regiones AVA repartidas entre los diferentes estados, con California en primer lugar con más de 100 AVA.

## Principales uvas

Las especies indígenas de América (*Vitis Labrusca*) incluyen las uvas Concord, Catawba, Delaware y Niágara, entre otras.

Las uvas híbridas (mezcla de las especies *Vitis Vinifera* y *Vitis Labrusca*) incluyen Cayuga, Baco Noir, Aurora, Seyval Blanc y Vidal Blanc.

Aunque todas las especies pueden producir vinos, no ofrecen las mismas cualidades de la especie *Vitis Vinífera*:

| *Blancas* | *Tintas* |
|---|---|
| Chardonnay | Cabernet Sauvignon |
| Pinot Grigio/Pinot Gris | Merlot |
| Muscat/Moscato | Zinfandel |
| Sauvignon Blanc | Pinot Noir |
| Chenin Blanc | Syrah |
| Viognier | Petite Sirah |
| Riesling | |
| Gewürztraminer | |

*Uva tinta: Zinfandel*

Se considera la "uva patrimonial Americana," aunque pruebas científicas han demostrado que está relacionada con las uvas *Primitivo* de Italia y *Crljenak Kaštelanski* de Croacia. Las viñas de Zinfandel pueden vivir más de 100 años, produciendo vinos concentrados con sabores intensos de bayas y especies. Los Zinfandel provenientes de viñas viejas portan el término *old vines* en la etiqueta. Zinfandel exhibe su expresión más alta en las AVA Dry Creek Valley, Paso Robles, Russian River Valley y Lodi, todas situadas en California.

> ### Vino: White Zinfandel
>
> Vino rosé/rosado producido con la uva tinta Zinfandel. Se lanzó al mercado en los años 1980 ofreciendo vinos ligeros y afrutados con un toque de dulzura. Hoy en día es uno de los vinos más populares en Estados Unidos.

*Uva tinta: Petite Sirah*

Conocida como Durif en Francia, esta uva produce vinos densos y oscuros con textura firme y acidez moderada. Ofrece aromas y sabores de cereza, ciruela, mora negra y un toque de pimienta negra.

## Principales regiones vinícolas

California
Nueva York
Oregon
Washington

## California

El 90% de los vinos en Estados Unidos provienen de California, estado con más de 3,500 bodegas.

Las área vinícolas de California están divididas en cuatro grandes regiones AVA, cada una con varias sub-AVA.

### *Principales AVA de California*

North Coast
Napa Valley (Rutherford, Oakville, Howell Mountain, Los Carneros +)
Sonoma County (Russian River, Dry Creek Valley, Knight's Valley + )
Mendocino
Lake County

Central Coast
Santa Cruz Mountains
Paso Robles
Livermore Valley
Santa Maria Valley
Santa Ynez Valley

South Coast
Temecula Valley

Central Valley
Sierra Foothills
Lodi

**CALIFORNIA**
Principales Regiones Vinícolas

Mendocino
Lake County
Sonoma
Napa
Sierra Foothills
Lodi
SAN FRANCISCO
Livermore
Santa Cruz Mountains
Paso Robles
Santa Maria Valley
Santa Ynez Valley
Temecula
LOS ANGELES

## Napa y Sonoma, dos corazones que laten como uno

Localizadas al norte de la ciudad de San Francisco, Napa Valley y Sonoma County son el corazón de la industria vinícola en Estados Unidos. La combinación del clima mediterráneo y los diferentes *terroir* son ideales para cultivar uvas.

En Napa se destacan los vinos elaborados con Cabernet Sauvignon, Merlot, Sauvignon Blanc y Chardonnay.

Sonoma está separada de Napa por la montaña Mayacamas y sus viñedos llegan hasta el Mar Pacífico y se benefician del clima marítimo. Se destacan los vinos elaborados con Pinot Noir, Zinfandel y Chardonnay.

Napa y Sonoma comparten la región vinícola Los Carneros, localizada al sur de ambas áreas. Los Carneros tiene el clima y suelo ideal para las uvas Pinot Noir y Chardonnay.

## Términos en las etiquetas

### *Meritage*

Vino elaborado con una mezcla específica de uvas al estilo de los vinos de Bordeaux. Existen versiones blancas y tintas de vinos Meritage.

Existen varios términos de mercadeo usados por las bodegas para identificar sus vinos, aunque no tienen ningún significado oficial:

> *Proprietor's Reserve*
> *Cellar Select*
> *Barrel Select*
> *Reserve*
> *Special Reserve*
> *Special Selection*

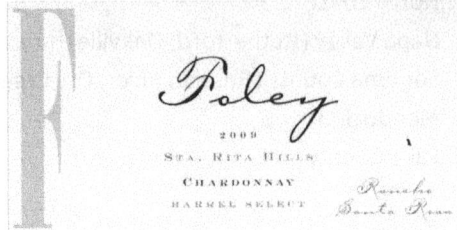

## Washington

El estado de Washington es el segundo productor de vinos de Estados Unidos, con más de 750 bodegas.

Washington contiene 13 AVA (2012). Las más destacadas:

- Columbia Valley (cubre 1/3 del estado).
- Walla Walla Valley  (una parte se extiende dentro de Oregon).
- Yakima Valley.

Las uvas más cultivadas incluyen Riesling, Chardonnay, Pinot Gris, Cabernet Sauvignon, Merlot y Syrah.

## Oregon

Oregon es el líder en agricultura sostenible en USA: 1/4 de sus viñedos son Certified Sustainable, Certified Organic o Demeter Certified Biodynamic. Oregon tiene más de 300 bodegas y 16 AVA (2012).

 Las más destacadas:

- Southern Oregon.

- Snake River Valley.

- Walla Walla Valley (una parte se extiende dentro de Washington).

- Willamette Valley.

Oregon esta situado en la misma latitud norte (45°) que Bourgogne, Francia, donde reina la uva Pinot Noir. Esto ha influido en el auge de Pinot Noir producido en Oregon. También se destaca por sus vinos elaborados con Pinot Gris, Chardonnay, Riesling y Merlot.

## Nueva York

El estado de Nueva York produce el 5% de los vinos en USA.

Las AVA más importantes:

Cayuga Lake
Chautaqua
Finger Lakes
Hamptons Long Island
Hudson River Region
Niagara Escarpment
North Fork of Long Island
Lake Erie
Long Island
Seneca Lake

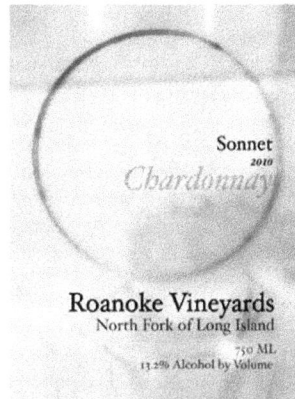

Más del 80% de las uvas plantadas en Nueva York son de la especie indígena *Vitis Labrusca*.

El personaje más destacado de la industria vinícola de Nueva York fue el Dr. Konstantin Frank (1899-1985), un inmigrante de Ucrania que perfeccionó las técnicas para cultivar la especie *Vitis Vinífera* en climas fríos.

## Otros Estados

Aunque casi todos los estados producen algún tipo de vino, cabe mencionar algunos.

El estado de Virginia produce vinos de calidad con las uvas internacionales Cabernet Sauvignon, Chardonnay y Riesling. También utiliza uvas indígenas como Seyval Blanc, Vidal Blanc y Norton.

El estado de Texas tiene una excelente reputación por sus vinos elaborados con Chardonnay, Chenin Blanc y Cabernet Sauvignon.

Arizona, Missouri, New Mexico, Pennsylvania, Connecticut y Rhode Island producen vinos con uvas indígenas, hibridas y internacionales.

Florida y Hawaii producen vinos de frutas tropicales tales como guayaba y mango.

*Para más información:*

| | |
|---|---|
| *The Wine Institute* | *www.wineinstitute.org* |
| *Wine Institute of California* | *www.discovercaliforniawines.com* |
| *New York Wine & Grape Foundation* | *www.newyorkwines.org* |
| *Washington Wine Commission* | *www.washingtonwine.org* |
| *Oregon Wine Board* | *www.Oregonwine.org* |
| *Meritage Alliance* | *www.meritagealliance.com* |

# 16.CANADÁ

Canadá produce vinos secos, semisecos y dulces. Aunque pareciera que Canadá está situado demasiado al norte para producir vinos finos, este país ha sacado provecho a su clima frío para producir algunos de los mejores vinos *Icewine* del mundo.

**Ley de vinos**

La ley de vinos en Canadá funciona de una manera similar al *sistema* francés y otros sistemas europeos. Está supervisado por la organización Vintner's Quality Alliance (VQA). Los vinos con el sello VQA en la botella han pasado una prueba de degustación y han sido aprobados por la organización.

Elementos principales de las leyes VQA:

- Delimitan las regiones vinícolas y sus límites geográficos.

- Supervisan límites de rendimiento máximo.

CANADÁ
Principales Regiones Vinícolas

Valle de Okanagan

OTTAWA

Península Niágara

## Principales regiones vinícolas

Las regiones vinícolas de Canadá se encuentran en los extremos opuestos del país.

*British Columbia*

Costa oeste, cerca del estado de Washington. Su región vinícola mas importante es el Valle de Okanagan.

*Ontario*

Costa este, cerca el estado de Nueva York. Su región vinícola mas importante es Niágara Península.

## Principales uvas

| | |
|---|---|
| *Blancas* | *Tintas* |
| Riesling | Cabernet Franc |
| Chardonnay | Cabernet Sauvignon |
| Vidal Blanc | Merlot |
| Pinot Gris | Pinot Noir |
| Sauvignon Blanc | |
| Gewürztraminer | |

*Uva blanca: Vidal Blanc*

Esta uva híbrida desarrollada en 1930 por el francés Jean Louis Vidal es un cruce entre las uvas Trebbiano (también conocida como Ugni Blanc) y Rayon d'Or. Sus características son ideales para producir vinos dulces en regiones invernales. Ofrece vinos aromáticos con sabores de pera, piña, melón y toronja.

CEDARCREEK
ESTATE WINERY

PLATINUM

*Pinot Noir*
2008

BC VQA OKANAGAN VALLEY

750 mL    13.9% alc./vol.

TINHORN CREEK

SOUTH OKANAGAN VALLEY
GEWÜRZTRAMINER

750 mL    WHITE WINE/VIN BLANC
PRODUCT OF CANADA/PRODUIT DU CANADA    12.7% alc./vol.

## Icewine

También conocido como Eiswein en algunos países, este vino "helado" es un desafío de producir.

- Las uvas tienen que congelarse sobre la viña después de madurar. Si la congelación no sucede con suficiente rapidez, las uvas se pudren y se pierde toda la cosecha.

- Las uvas tienen que ser cosechadas a mano en el momento más frío de la noche en pleno invierno. Una uva = una gota de vino.

- Las uvas son prensadas mientras están congeladas y se fermentan lentamente por varios meses.

Los vinos Icewine tienen un alto contenido de azúcar, bajo contenido de alcohol y una acidez vigorosa. Ofrecen aromas y sabores de miel, durazno, albaricoque, mango, lichi y otras frutas tropicales en un paladar de textura sedosa y amplia.

Los Icewine pueden ser disfrutados por su cuenta como vinos de postre o para acompañar flan, tortas nueces y tartas cítricas. También combinan con queso Mascarpone, Brie y quesos azules.

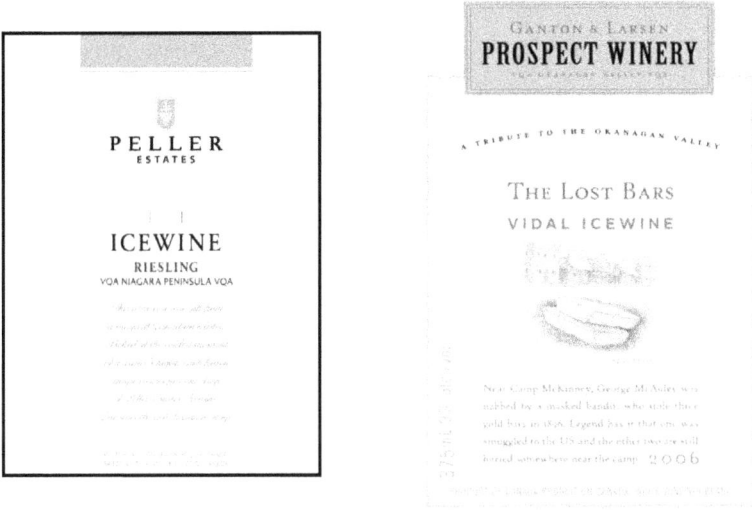

## "Cellared in Canada"

En Canadá existe la práctica de producir vinos con uvas importadas de otros países. Estos vinos, cuya calidad es dudosa, contienen el término "Cellared in Canada" en la etiqueta y no están supervisados por el VQA. Los vinos "Cellared in Canada" han creado un ambiente de controversia, ya que su baja calidad afecta la reputación de los vinos canadienses y crea confusión entre consumidores. La mayoría de los productores de vino en Canada, cuya calidad es supervisada por el VQA, han registrado su protesta ante el gobierno por permitir esta práctica.

*Para más información:*

| | |
|---|---|
| *VQA Ontario* | *www.vqaontario.com* |
| *Wines of British Columbia* | *www.winebc.org* |
| *Wine Country Ontario* | *www.winecountryontario.ca* |

# 17. ARGENTINA

Los primeros viñedos fueron plantados en Argentina por conquistadores españoles alrededor de 1550. A través de las décadas, continuaron llegando inmigrantes de Italia, Francia y España, los cuales importaron sus tradiciones de producir y consumir vino. Durante muchos años, casi todo el vino producido en Argentina era consumido domésticamente, y no se vendía en el exterior.

Alrededor de 1990 la industria vinícola argentina empezó exportar sus vinos, los cuales fueron muy bien recibidos a nivel internacional. Hoy en día es el octavo país productor de vinos en el mundo (2012).

Argentina ofrece óptimas condiciones para la viticultura: clima seco, variedad de terrenos a diferentes altitudes y agua pura proveniente de la Cordillera de los Andes.

## Ley de Vinos

Argentina tiene un sistema muy liberal que simplemente define sus regiones vinícolas.

Si la etiqueta en la botella indica la uva del vino, un 80% de esa uva debe estar presente.

## Principales regiones vinícolas

> Mendoza
> San Juan
> La Rioja
> Salta
> Patagonia

Salta

La Rioja

San Juan

Mendoza

BUENOS AIRES

Rio Negro
(Patagonia)

ARGENTINA
Principales Regiones Vinícolas

Mendoza es la principal región vinícola. Contiene muchos viñedos de gran altitud que llegan hasta 1,500 metros (5,000 ft.) sobre el nivel del mar, entre los más altos del mundo.

Patagonia es la región mas sureña donde se cultivan uvas en Argentina... y en el mundo! Contiene las provincias de La Pampa, Río Negro y Neuquén. La Pampa es una llanura extensa, mientras que las zonas elevadas de Río Negro y Neuquén se ubican entre 300 metros (985 ft.) a 500 metros (1,640 ft.) sobre el nivel del mar. Los inviernos intensos y veranos calidos de Patagonia conducen a la maduración lenta y prolongada de las uvas, que a su vez producen vinos de características exquisitas.

## Principales uvas

| *Blancas* | *Tintas* |
|---|---|
| Torrontés | Malbec |
| Chardonnay | Bonarda |
| Chenin Blanc | Cabernet Sauvignon |
|  | Merlot |

*Uva tinta: Malbec*

También conocida en Francia como Auxerrois o Cot, Malbec es la uva tinta más importante de Argentina. Produce vinos opulentos con aromas de cerezas, ciruelas, pasas, pimienta negra, cacao y café. Se cultiva a lo largo de la cordillera de Los Andes, desde Salta hasta Patagonia.

*Uva tinta: Bonarda*

Uva en pleno auge. Bonarda, conocida como Charbono en Francia, produce vinos de cuerpo amplio, repletos de aromas de cereza, mora negra y violetas con taninos ligeros y acidez moderada.

*Uva blanca: Torrontés*

Torrontés está causando furor internacional. Produce vinos blancos de textura sedosa y acidez jugosa con aromas de melocotón, naranja y flores de jazmín. Los mejores cultivos de Torrontés están situados en la región de Salta.

## Malbec World Day

La importancia de la uva Malbec para el mercado vinícola argentino es transcendente. En 2011 la organización Wines of Argentina dedicó el 17 de abril como "Día Mundial del Malbec," para celebrar vinos argentinos producidos con la uva Malbec. Desde entonces, cada año en esa fecha se organizan eventos y festejos en varios países, presentando vinos, gastronomía, arte, música, baile y otras expresiones culturales.

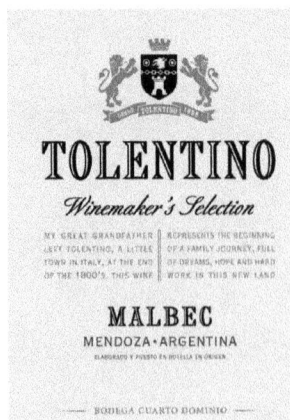

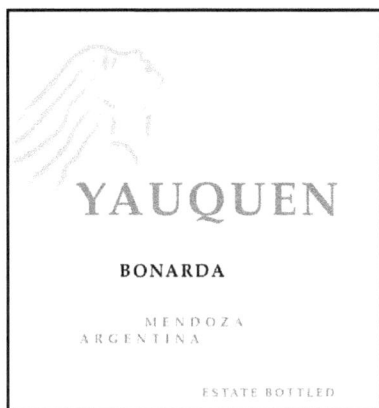

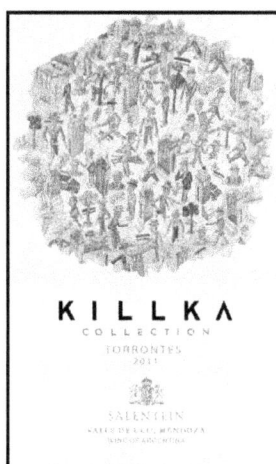

Para más información:

Wines of Argentina      www.winesofargentina.org
Malbec World Day      www.malbecworldday.com

# 18. CHILE

Chile es uno de los 10 primeros países productores de vino en el mundo y fue el primer país suramericano en elaborar vinos para exportar al mercado internacional.

La producción de vinos en Chile empezó alrededor de 1550, después de la llegada de los conquistadores españoles. En la década de 1980 los vinos chilenos alcanzaron notoriedad mundial por su excelente relación calidad/precio. Esto impulsó una ola de inversiones: numerosas compañías vinícolas de Francia y Estados Unidos establecieron bodegas en Chile y aumentaron la cantidad y calidad de producción.

Chile está tomando pasos para ser el líder mundial en la producción sustentable de vinos, basándose en un alto estándar social, ambiental y de calidad. La organización Vinos de Chile ha implementado un plan de incorporar prácticas sustentables en las empresas vitivinícolas, con la meta de certificar todas las empresas chilenas para el año 2020. El código consiste de requisitos que incluyen el manejo del suelo, el cuidado de las fuentes de agua, el uso de energía y combustible, la biodiversidad, el bienestar del medio ambiente, la prevención de la contaminación, la reducción de desechos, el reciclaje, la calidad de vida laboral y el compromiso con la comunidad.

## Ley de Vinos

Chile tiene un sistema basado en el modelo de Estados Unidos que define sus regiones vinícolas, a la vez que ofrece libertad a los productores para elaborar vino sin restricciones.

Si la etiqueta en la botella del vino indica la uva, un 85% de esa uva debe estar presente.

## Principales uvas

*Blancas*
Chardonnay
Sauvignon Blanc

*Tintas*
Cabernet Sauvignon
Carménère
Merlot
Pinot Noir

Uva tinta: Carménère

La uva tinta más distintiva de Chile. Produce vinos oscuros con intensos aromas de mora negra, cacao, especies y pimienta. En el paladar los vinos son aterciopelados y fáciles de disfrutar.

## Principales regiones vinícolas

Los viñedos de Chile están situados entre la Cordillera de los Andes y el Mar Pacífico. Se extienden por 1,200 kilómetros (800 miles) de norte a sur, y muchos están plantados en las laderas de los Andes. Desde 2012 las zonas vinícolas están divididas en tres zonas, en relación a su posición entre las montañas y el mar: zona Andes, Zona Costa y zona Ente Cordilleras.

## Principales regiones vinícolas

Copiapó
Huasco
Elqui
Limarí
Choapa
Aconcagua
Casablanca
San Antonio
Maipo
Rapel
Cachapoal
Colchagua
Curicó
Lontué
Maule
Itata
Bío-Bío
Malleco

Aconcagua

Casablanca

SANTIAGO

Maipo

Rapel

Curico

Maule

Itata

Bio Bio

**CHILE**
Principales Regiones Vinícolas

ESTATE BOTTLED

**MONTES ALPHA®**
*Carmenère*
2011
D.O. COLCHAGUA VALLEY
MARCHIGUE VINEYARD
AGED IN FRENCH OAK FOR ONE YEAR
CHILEAN RED WINE

PRODUCE OF CHILE

*Cono Sur*
RESERVA
*Hand selected grapes for optimum expression*
ESPECIAL

SAUVIGNON BLANC
VALLE DE CASABLANCA - CHILE

WINEMAKER

*Para más información:*

Vinos de Chile          www.winesofchile.org

# 19. URUGUAY

La industria vinícola de Uruguay, fundada por inmigrantes italianos y vascos en 1870, está en pleno desarrollo y tiene el potencial de llegar a grandes alturas.

Uruguay tiene la geografía y el clima ideal para producir vinos. Se destaca por sus vinos elaborados con la uva Tannat, cuyo éxito ha puesto a Uruguay en el mapa mundial del vino.

**Ley de Vinos**

Al igual que Argentina y Chile, Uruguay tiene un sistema muy liberal de regiones vinícolas definidas.

**Principales regiones vinícolas**

Canelones
Montevideo
San José

**URUGUAY**
Principales Regiones Vinícolas

San Jose
Canelones
MONTEVIDEO

**Principales uvas**

*Blancas*
Torrontés
Sémillon
Sauvignon Blanc
Viognier
Chardonnay

*Tintas*
Tannat
Syrah
Merlot
Cabernet Sauvignon

Uva tinta: Tannat

Uva tinta nativa de las regiones Madiran y Irouléguy en el suroeste de Francia, áreas de población vasca. La uva fue introducida por inmigrantes vascos a Uruguay alrededor de 1870. Tannat produce vinos de color carmesí oscuro, con taninos firmes y aromas de frambuesa y mora negra.

## Tannat = ¿la uva más saludable del mundo?

Está comprobado que el consumo moderado de vino es beneficioso para la salud. Desde la época de la Antigua Grecia, Hipócrates (conocido como el "padre de la medicina") recomendaba vinos para aliviar diferentes problemas de salud. Hoy en día, estudios científicos han demostrado que el efecto beneficioso del vino se debe, en parte, a dos compuestos naturales que abundan en la piel de las uvas tintas: resveratrol y procianidina.

El resveratrol tiene un efecto antioxidante que ayuda a retrasar el envejecimiento, protege de enfermedades cardiovasculares y funciona como agente antibacterial. La procianidina es particularmente beneficiosa para el corazón, ya que reduce el riesgo de problemas cardíacos: previene la inflamación y los coágulos sanguíneos; relaja y dilata los vasos sanguíneos facilitando el flujo de sangre al corazón; y reduce la presión arterial.

Un estudio realizado por el doctor Roger Corder del William Harvey Research Institute en Londres (y autor del libro *The Red Wine Diet*) comprobó que los vinos tintos elaborados con la uva Tannat (común en el suroeste de Francia y en Uruguay) son los más ricos en procianidina. Aunque todas las uvas tintas contienen procianidina, la uva Tannat tiene la concentración más alta — hasta cuatro veces más que la uva Cabernet Sauvignon. Además, también contiene niveles altos de resveratrol. ¡Brindemos por la salud con vinos elaborados con la uva Tannat!

*Para más información:*

*Vinos de Uruguay*  www.winesofuruguay.com
*The Red Wine Diet*  www.the-red-wine-diet.com

# 20. AUSTRALIA

Australia ha producido vinos desde 1800. Durante muchos años la mayoría sus vinos eran dulces y fortificados. A principios de la década de 1970 la industria vinícola australiana se modernizó y empezó a producir vinos secos y afrutados de gran calidad. Actualmente Australia es el sexto país productor de vinos del mundo (2012).

## Ley de Vinos

Las etiquetas de vino australianas son fáciles de leer y se basan en el sistema de Estados Unidos.

Si una variedad de uva aparece en la etiqueta, por lo menos 85% del vino debe usar esa variedad.

Las denominaciones de origen de Australia se conocen como Indicaciones Geográficas. Si una Indicación Geográfica aparece en la etiqueta, el 85% de las uvas deben provenir de esa región.

## Principales regiones vinícolas

Todos los viñedos de Australia están situados en la Indicación Geográfica South Eastern Australia, una área extensa de clima seco y caliente, con brisas marítimas. South Eastern Australia contiene una variedad de subregiones, cada una siendo una Indicación Geográfica.

South Australia
- o Coonawarra
- o Barossa Valley
- o Clare Valley
- o Eden Valley
- o McLaren Vale
- o Padthaway

New South Wales
- o Hunter Valley
- o Mudgee

Victoria
- o Yarra Valley

Tasmania

Western Australia
- o Margaret River
- o South Western Australia

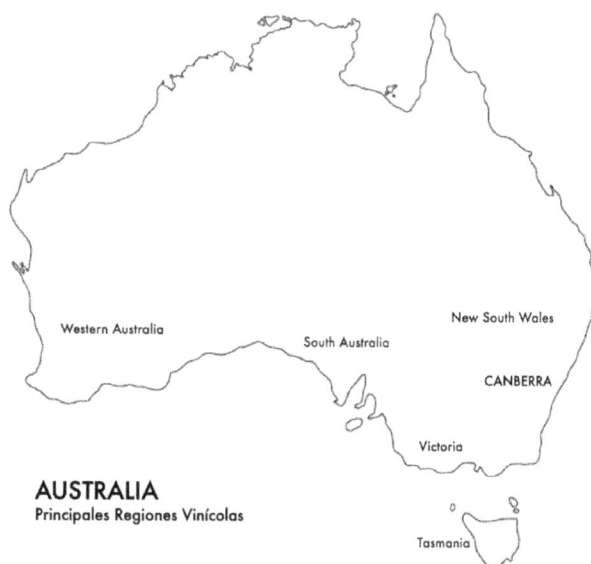

**AUSTRALIA**
Principales Regiones Vinícolas

## Principales uvas

| *Blancas* | *Tintas* |
|---|---|
| Chardonnay | Shiraz |
| Sémillon | Cabernet Sauvignon |
| Sauvignon Blanc | Merlot |
| Riesling | Pinot Noir |
| Gewürztraminer | |

*Uva tinta: Shiraz/Syrah*

La uva más popular de Australia. Produce vinos de cuerpo robusto y alta densidad, con sabores intensos de mora negra, cuero, terruño y pimienta. Las regiones de Barossa Valley, Hunter Valley y McLaren Vale se destacan por su calidad de Shiraz.

**LAYER CAKE**

*One Hundred Percent Pure*

**SHIRAZ**

VINTAGE 2010

South Australia

ALC. 14.1% BY VOL.                    750ML

NINTH9SLAND

2007  PINOT  NOIR

TASMANIA

PRODUCT  OF  AUSTRALIA

*Para más información:*

*Wine Australia*        *www.wineaustralia.com*

# 21. NUEVA ZELANDA

Este país en el Océano Pacifico está compuesto de dos islas, cada una con clima y terreno ideal para producir vinos. Los viñedos de Nueva Zelanda se extienden de norte a sur y se benefician de brisas marítimas y terrenos montañosos.

## Ley de Vinos

Al igual que su vecino Australia, las etiquetas de vino de Nueva Zelanda se basan en el sistema de Estados Unidos. Si una variedad de uva aparece en la etiqueta, por lo menos 85% del vino debe usar esa variedad. Si una región aparece en la etiqueta, el 85% de las uvas deben provenir de esa región.

## Principales regiones vinícolas

Northland
Auckland
Waikato/Bay of Plenty
Gisborne
Hawke's Bay
Wellington
Nelson
Marlborough
Canterbury
Central Otago

NUEVA ZELANDA
Principales Regiones Vinícolas

La región de Marlborough es famosa por sus vinos elaborados con Sauvignon Blanc, que figuran entre los mejores del mundo.

Central Otago es la región vinícola más sureña del mundo y tiene los viñedos de más altitud en Nueva Zelanda (hasta 600 metros de altitud/2,000 ft.). Central Otago produce excelentes Pinot Noir que rivalizan con los mejores Bourgogne franceses.

## Principales uvas

*Blancas*
Sauvignon Blanc
Chardonnay
Pinot Gris
Riesling
Gewürztraminer

*Tintas*
Pinot Noir
Merlot
Cabernet Sauvignon
Syrah

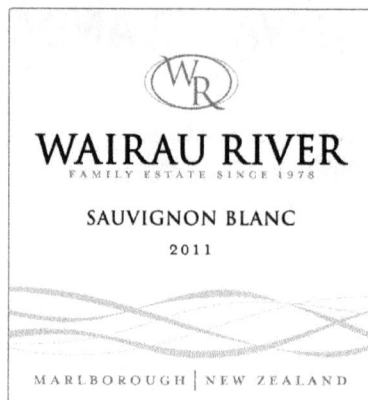

CENTRAL OTAGO

MOHUA

PINOT NOIR

NEW ZEALAND WINE

WR

WAIRAU RIVER
FAMILY ESTATE SINCE 1978

SAUVIGNON BLANC

2011

MARLBOROUGH | NEW ZEALAND

*Para más información:*

*Wines of Marlborough*
*New Zealand Winegrowers*

*www.wine-marlborough.co.nz*
*www.nzwine.com*

# 22. SUDÁFRICA

Aunque en Sudáfrica se ha producido vino desde 1652, entre 1962 y 1994 sus vinos no fueron exportados debido al embargo económico mundial a productos sudafricanos en protesta por el sistema *apartheid* de segregación racial.

Desde de la abolición del *apartheid* en 1994, se abrieron los mercados internacionales y los vinos de Sudáfrica gozaron de un renacimiento a nivel mundial. Los países con más importaciones de vino sudafricano incluyen Suecia, Gran Bretaña, Dinamarca, Alemania y Estados Unidos (2012).

## Ley de Vinos

Las etiquetas de vino de Sudáfrica se basan en un sistema similar al de USA.

Si una variedad de uva aparece en la etiqueta, por lo menos 85% del vino debe usar esa variedad. Si una región aparece en la etiqueta, el 100% de las uvas deben provenir de esa región.

Los vinos de Sudáfrica tienen la opción pasar por un sistema de aprobación (voluntario) basado en una degustación por miembros del *South African Wine and Spirit Board*. Si el vino es aprobado, se aplica un sello oficial en la botella. El sello también garantiza el lugar de origen de las uvas, fecha de la cosecha y otros datos.

## Principales regiones vinícolas

La mayoría de los vinos en Sudáfrica se producen en el área de Western Cape (Cabo Oeste), alrededor de Cape Town (Ciudad del Cabo). Esa zona goza de un clima mediterráneo marcado por el sol y las brisas marítimas. Western Cape contiene las principales regiones vinícolas de Sudáfrica:

> Stellenbosch
> Paarl
> Constantia
> Swartland
> Klein Karoo
> Elgin
> Franschoek Valley
> Breede River Valley
> Overberg

**SUDÁFRICA**
Principales Regiones Vinícolas

Northern Cape

Swartland  Paarl  Klein Karoo
Franschoek
Stellenbosch
CAPE TOWN  Elgin
Constantia

También existe una producción limitada de vino en las áreas de KwaZulu-Natal, Northern Cape, Eastern Cape y Limpopo.

## Principales uvas

| Blancas | Tintas |
|---|---|
| Chenin Blanc/Steen/Stein | Pinotage |
| Chardonnay | Cabernet Sauvignon |
| Sémillon | Merlot |
| Sauvignon Blanc | Shiraz |
| Riesling | |

*Uva tinta: Pinotage*

Sudáfrica es la cuna de la uva Pinotage, creada en 1925 en la Universidad de Stellenbosch. Pinotage es un cruce entre Pinot Noir (originalmente de Bourgogne, Francia) y Cinsault (originalmente de Rhône, Francia). Lo insólito es que los vinos hechos con Pinotage no se asemejan ni a Pinot Noir ni a Cinsault. Pinotage ofrece vinos afrutados con aromas de bayas, matices de terruño, humo y... banana!

## Vinos espumosos

Sudáfrica produce vinos espumosos blancos y tintos, hechos en su mayoría con las uvas Chenin Blanc, Sauvignon Blanc, Shiraz y Pinotage. Cuando se producen utilizando el *Méthode Champenoise* (el mismo de Champagne, Francia) se distinguen por el término *Méthode Cap Classique* (MCC) en la etiqueta.

re
CHENIN BLANC

MADE WITH ORGANICALLY GROWN GRAPES

*Para mas información:*

*Wines of South Africa*        *www.wosa.co.za*

# 23. OTROS PAÍSES

### Suiza

Produce excelentes vinos blancos y tintos que figuran en los mercados internacionales. Las uvas más populares son Chasselas, Müller-Thurgau, Sylvaner, Pinot Noir, Gamay y Merlot.

### Russia, Georgia, Ucrania Bulgaria, Rumania, Croacia, Turquía

Producen vinos, aunque su exportación es muy limitada.

### Algeria, Marruecos, Tunisia

Situados en la costa norte de África, se benefician de un clima mediterráneo. Los tres países son productores de vinos, aunque su exportación es limitada.

### Líbano

Ha producido vino desde hace 5,000 años. Su clima mediterráneo es ideal para las uvas Cabernet Sauvignon, Merlot, Cinsault, Carignan y Grenache. Algunos de sus vinos son exportados.

### Chipre

Esta isla mediterránea es famosa por su vino dulce *Commandaria*, producido desde hace más de 4,000 años. *Commandaria* es elaborado únicamente con dos uvas indígenas de Chipre: Xynisteri (blanca) y Mavro (tinta). Al cosecharse la uvas, se extienden bajo el sol hasta que se secan al punto de ser pasas. Después pasan a la fermentación y el vino se fortifica. ¡Una botella de *Commandaria* puede durar más de 100 años!

De color ámbar oscuro, Commandaria ofrece aromas de uvas pasas, caramelo, nueces y cacao. Se recomienda servirlo después de las comidas y puede acompañarse con nueces, frutas secas, dátiles, chocolate oscuro y quesos añejos.

## México

Conocido por su cerveza, tequila y mezcal, México también es un país productor de vino. Los primeros viñedos en México fueron cultivados por los españoles desde 1530, aunque su producción fue limitada.

En la década de 1980 empezó a crecer la producción, especialmente en Baja California, donde se producen el 90% de los vinos mexicanos.

## Brasil

Este país productor de *cachaça* (licor de base para preparar *caipirinhas*), también es productor y exportador de vinos.

## Venezuela

Destacada por su producción de ron, Venezuela tiene una producción limitada de vinos desde 1990. La combinación del clima, terreno y uvas permite obtener dos cosechas al año: en marzo y septiembre.

## China

Aunque parezca increíble... ¡China es el quinto país productor de vinos del mundo! La mayoría de sus vinos son bebidas elaboradas de una mezcla de uvas, granos y otros ingredientes. Estos vinos no son exportados.

# 24. SERVIR EL VINO

## Temperatura

"Los vinos blancos se sirven fríos y los vinos tintos se sirven a temperatura ambiente."

Suena obvio, pero en realidad, no lo es.

Empecemos por analizar la noción de frío. Nos hemos acostumbrado a tomar bebidas prácticamente heladas, repletas de cubitos de hielo. Un paladar entumecido por un vino servido demasiado frío no puede percibir los aromas y sabores sutiles del vino.

¿Y qué significa temperatura ambiente? ¿Se refiere a la temperatura ambiente en Caracas, Cancún, Paris, Nueva York, Madrid, Tokio, Moscú o Miami?

Servir el vino a la temperatura adecuada realza la experiencia de disfrutarlo.

## Vinos blancos, rosados y espumosos

Frecuentemente, los vinos blancos se sirven demasiados fríos, lo cual nos ofrece una bebida muy refrescante pero sin mucho sabor.

La temperatura ideal para los blancos, rosados y espumosos es de entre 45°F y 55° F (7C y 13°C).

Si el vino está muy frío la solución es fácil: un poco de paciencia. Al dejarlo reposar a temperatura ambiente, en unos 10 minutos llegará a su temperatura ideal.

## Vinos tintos

Cuando se sirve un vino tinto  a temperatura ambiente mayor de 70°F (21C) este nos parecerá insípido y con un resaltado efecto de alcohol.

La temperatura ambiente ideal es entre 60°F y 65°F (15°C y 18°C). Los vinos Beaujolais, Barbera y otros tintos ligeros de cuerpo se pueden servir aun más frescos, alrededor de 55°F (13°C). Una solución rápida es guardar la botella de vino en el refrigerador de unos 20 a 30 minutos antes de abrirla.

| |
|---|
| *Temperaturas ideales para disfrutar el vino* |
| Blancos, rosados y espumosos = entre 45°F y  55°F (7°C y 13°C) |
| Tintos = entre 55°F y 65°F (13C y 18°C) |

## El orden de servir los vinos durante una comida

El orden se puede comparar a la estructura de una novela: la composición de aromas, sabores y texturas va incrementando hasta culminar en el desenlace final. Por ese motivo, es aconsejable seguir una narrativa ascendente.

| Comida | Novela |
|--------|--------|
| Entremés/aperitivo | Introducción de personajes y escenario |
| Sopa o ensalada o pasta | Exposición del tema y desarrollo de acción |
| Plato principal | Intriga y punto culminante de la narrativa |
| Postre | Resolución y desenlace |

Esta trayectoria crea expectativas ante el siguiente vino, anticipando una sensación más intensa en la próxima tanda. El paladar tiene así la oportunidad de acostumbrarse y adaptarse a vinos cada vez más impresionantes. Por eso se recomienda este orden de servir los vinos en forma ascendente:

- Vinos blancos antes de vinos tintos.
- Vinos de cuerpo ligero antes de vinos corpulentos.
- Vinos jóvenes antes de vinos añejos.
- Vinos secos antes de vinos dulces.

## Servicio de vinos en el restaurante

El tradicional servicio de vinos en un restaurante sigue estos pasos universales:

- Se muestra la botella al cliente para verificar la etiqueta.
- Se abre la botella y se sirve una pequeña cantidad del vino en la copa del cliente que ordenó el vino (anfitrión).
- El cliente prueba el vino únicamente para determinar si tiene defectos. ¡Esta prueba no es para que el cliente decida si le gusta o no el vino que escogió!
- Las copas se llenan a 1/3 (o menos) de su capacidad para que no se derrame el vino al agitarse.
- Se continúan llenando las copas durante la comida, al irse vaciando.
- Si el cliente ordena otra botella del mismo vino, se pueden utilizar las mismas copas.
- Si el cliente ordena una botella de un vino distinto, se cambian todas las copas.

> Si en un restaurante le sirven una botella de vino tinto a temperatura demasiado alta, pida una cubeta con hielo y agua. No tenga miedo de enfriar un vino tinto lo suficiente para disfrutarlo a la temperatura adecuada.

## El corcho y sus mitos

Al observar el corcho a veces se distingue moho en la parte exterior. Eso no significa que el moho haya penetrado en el vino. Para eso existe el corcho: para crear un barrera entre el vino y el exterior.

Lo importante es comprobar si el corcho está impregnado de vino *de un extremo al otro*. Esto indica que el vino estuvo almacenado en condiciones de cambios bruscos de temperatura, haciendo que el corcho se contraiga y expanda, dejando entrar aire y salir vino. Puede alertar que el vino está oxidado.

**Mito:** Para saber si el vino esta dañado hay que oler el corcho.

**Realidad:** El corcho huele a corcho. Oler el corcho es un acto inútil que no indica nada sobre las cualidades del vino. La única manera de comprobar si el vino es afectado es oliendo el vino, no el corcho.

**Mito:** Hay que leer lo que está inscrito sobre el corcho para determinar la autenticidad del vino.

**Realidad:** Lo que está inscrito en el corcho no indica nada sobre el vino ya que no existen leyes sobre este punto.

> *Problema:* ¿Qué pasa si se rompe el corcho mientras se abre la botella y los pedazos caen dentro de la botella?
>
> *Solución:* El vino se puede colar a través de un colador fino o un filtro de café.

## Decantación

Mientras algunos vinos tintos añejan durante largos periodos de tiempo (en especial los Oportos), se forma un sedimento en la botella. Para eliminar el sedimento del vino, se utiliza el proceso de decantar.

> Decantar: transferir el vino de una botella hacia otro recipiente, dejando atrás el sedimento

Decantar es un proceso muy simple:

> 1. Antes de abrir la botella, se recomienda mantenerla parada en forma vertical por varios días (o por lo menos 24 horas) para que el sedimento se acumule en el fondo de la botella.
>
> 2. Se destapa el corcho con cuidado y se vierte el vino lentamente y cuidadosamente en una jarra (o un decantador). También se puede decantar directamente en la copa de vino.
>
> 3. Un poco antes de llegar al final, el sedimento hará su presencia en el cuello de la botella. En este momento se termina la decantación.

Antiguamente era tradicional encender una vela debajo del cuello de la botella para alumbrar y verificar la llegada del sedimento. Esto formaba parte del ritual de servir el vino. Aunque es menos romántico... ¡una linterna sirve el mismo propósito! Además, las luces eléctricas alumbran más que suficiente para este proceso.

## Decantar: ¿Sí o No?

Existen dos racionamientos para decantar.

El primero tiene un resultado obvio y directo:

**1. Para eliminar el sedimento acumulado a través de los años.** Al decantar el vino, se deja atrás el sedimento en la botella.

El segundo es un tema controvertido entre los aficionados de vino:

**2. Para airear el vino.** Airear el vino ayuda al florecimiento de sus aromas Sin embargo, esta práctica trae riesgos cuando es utilizada con vinos muy añejos, ya que sus aromas sutiles pueden desvanecerse en el proceso.

Nuestra opinión es que la decantación para aireación es una tarea que no vale la pena en la mayoría de los casos. Al abrir una botella y servir el vino en una copa — la cual es agitada — automáticamente comienza el proceso de aireación, el cual continúa y evoluciona durante el tiempo en que el vino es consumido.

## La carta de vinos en el restaurante

El propósito principal de una carta de vinos es informar al cliente sobre los vinos disponibles y facilitar la selección.

Generalmente las cartas de vino están organizadas por uno de estos temas populares:

- Por país y denominación de origen (Francia, España, Italia, California).

- Por varietal de uva (Chardonnay, Pinot Noir, Merlot).

- Por estilo de vino (robusto, ligero, frutoso, aromático).

El largo de la lista no es importante. Es preferible una lista de vinos corta con buena selección que una lista larga con vinos agregados sin mucha consideración.

*Una buena carta de vinos...*

- Es fácil de leer y entender.

- Contiene información de la etiqueta tal como viñedos, clasificación, vendimia y otros datos.

- Es compatible con la cocina del restaurante y contiene selecciones que armonizan con platos del menú.

- No contiene errores de tipografía o errores en las fechas de vendimia.

- Está organizada por un formato específico.

- Ofrece una variedad de vinos por copa.

*Una carta de vinos excepcional contiene los elementos ya descritos y además...*

- Ofrece vinos interesantes y de limitada distribución en el mercado.

- Ofrece varias vendimias de un mismo vino.

- Ofrece descripciones de los vinos.

- Ofrece medias botellas (375 ml) y botellas de formato grande.

# 25. DEGUSTAR EL VINO

Cuando les preguntamos a los consumidores su opinión sobre un vino que están saboreando, a menudo recibimos una variante de esta respuesta: "No estoy segura si este vino es bueno o malo," o "Me gusta, pero es probable que esté equivocado porque no soy un experto de vinos."

Las mismas personas no vacilan en dar su enfática y confiada opinión cuando les preguntamos su opinión sobre un helado o perfume, aunque no son "expertos de helados" o "expertos de perfumes." Todos nos pronunciamos sin vacilar sobre muchos productos aunque no seamos expertos ni autoridades. ¿Por qué, entonces, nos dejamos intimidar con el vino?

**Mito:** Hay que ser un experto de vinos para poder apreciarlos.

**Realidad:** No cabe duda que una base de conocimiento sobre el vino ayuda a profundizar la experiencia, pero la falta de información no impide disfrutar un vino. Cada individuo puede distinguir y decidir por sí mismo si un vino es adecuado a su gusto personal.

Cada persona tiene una percepción única, personal y subjetiva. El disfrute del vino es un proceso individual, el cual puede ser desarrollado para ampliar su apreciación.

## Degustación del vino

Degustar = catar = saborear = probar = beber = tomar = ingerir

## Antes de comenzar... ¿qué copa utilizar?

Hay un sinfín de diseños y tamaños de copas de vino en el mercado. Aunque algunas copas pueden ser muy atractivas, esto no significa que sean ideales para apreciar el vino.

### Copas de vino

- Es preferible utilizar una copa con borde fino. Un borde grueso interfiere con la textura del vino sobre el paladar.

- Es preferible utilizar una copa lisa y transparente, sin colores ni surcos. Esto nos permite un mejor aprecio del color del vino y facilita la expansión de aromas.

- El diseño ideal: copa amplia y abombada con paredes que se vuelven más estrechas al llegar a la boca. Esto permite agitar el vino con soltura sin que se derrame y facilita la expansión de los aromas.

### Copas de Champagne y otros vinos espumosos

- Se recomienda una copa alta, delgada y estrecha en la parte superior, conocida como "flauta." Esta copa nos permite sostenerla por el talle sin afectar la temperatura del vino. A su vez, este diseño permite captar mejor los delicados aromas y prolonga por más tiempo el efecto de efervescencia. Podemos apreciar la formación de burbujas en columnas ascendentes.

- Evite el uso de copas anchas y aplastadas/chatas. Además de calentar la copa al sostenerla, los aromas y sabores se desperdician y las burbujas se desvanecen rápidamente.

## Cómo utilizar la copa de vino

- Se llena la copa a 1/3 (o menos) de su capacidad.

- Esto nos permite agitar el vino sin que se riegue y facilita la expansión de aromas.

- Se sostiene la copa por el talle o pie, nunca por la copa.

- Sostener la copa por el talle o pie nos permite agitar el vino de manera eficiente y evita que el calor de nuestra mano caliente el vino.

## Las cuatro etapas de degustación

Degustar involucra todos los sentidos, no solo el paladar.

1. Observar.
2. Olfatear.
3. Saborear.
4. Opinar.

## Observar el vino

Nuestro primer contacto con el vino es visual. Inclinar la copa levemente nos permite observar mejor el vino.

Al inclinar la copa, en muchos casos se distinguen "lágrimas" (también llamadas "piernas") de vino que se deslizan por el interior de la copa. Son producto del contenido de alcohol y no influyen de ninguna manera en la calidad del vino.

El color del vino ofrece pistas sobre la juventud o madurez de un vino.

| Tintos secos | Blancos secos |
|---|---|
| Rojo-púrpura = joven, adolescente | Amarillo claro-verde claro = joven, adolescente |
| Rojo-carmesí = adulto en plena flor de vida | Amarillo canario = adulto en plena flor de vida |
| Rojo-teja = entrando en madurez | Amarillo oro = entrando en madurez |
| Rojo-marrón= anciano, jubilado | Amarillo dorado = anciano, jubilado |
| Marrón = pasado/vencido | Ámbar o cobre = pasado/vencido |

## Olfatear el vino

Girar la copa expone los aromas del vino al aire. Al acercar la nariz a la copa y aspirar, los aromas llegan a nuestro olfato. El olfato puede captar cientos de aromas. Note sus primeras impresiones:

¿Qué aromas se distinguen?

¿Son débiles, sutiles, expresivos o fuertes?

¿Son simples o multidimensionales, complejos?

¿Le parecen atractivos?

¿El vino esta "coqueteando" con usted?

¿Los aromas le dan tentación de probar el vino?

Los aromas y sabores del vino son producto de una mezcla que incluye la uva, el *terroir*, el proceso de vinificación, el uso de barriles o tanques inoxidables, y el tiempo de añejamiento.

| *Aromas Atractivos* | *Aromas Desagradables* | *Aromas Variables* |
|---|---|---|
| Frutas | Químicos | Alquitrán/Asfalto |
| Flores | Azufre | Orina de gato |
| Hierbas | Lana mojada | Cera de vela |
| Vegetales | Periódicos mojados | |
| Especies | Kerosén | |
| Minerales | Ajo | |
| Cuero | Goma | |
| Nueces | Plástico | |
| Caramelo | Microbiológico | |
| Mantequilla | Saurkraut | |
| Madera | Sudor | |
| Tierra | | |
| Piedras | | |

## A veces sí, a veces no...

Los aromas variables son aquellos que en algunas ocasiones son atractivos y en otras resultan desagradables. Son atractivos cuando su influencia es sutil y están acompañados de otros aromas compatibles. Son desagradables cuando dominan en el olfato.

- El aroma de alquitrán o asfalto se percibe en algunos vinos tintos de Bordeaux y Barolo.

- Un toque — ¡sutil! — de orina de gato es un aroma clásico asociado a los vinos elaborados con la uva Sauvignon Blanc.

- El aroma de cera de vela se puede distinguir en algunos vinos elaborados con la uva Chenin Blanc, en especial los vinos dulces y semidulces.

## Saborear el vino

La degustación del vino sigue una secuencia:

|  |  |
|---|---|
| 1. Ataque (primeros 2-3 segundos) | Impresión inicial |
| 2. Evolución (5-12 segundos) | Se distinguen variaciones sutiles |
| 3. Final (5-60+ segundos) | Se observa la persistencia |

## Impresiones en el paladar

La **acidez** está presente en todos los vinos. Conduce a una sensación jugosa que aporta viveza, vigor y brío al paladar.

La **dulzura** es un elemento integral de todos los vinos, incluidos los vinos secos.

Cuando hay **astringencia** (producida por los taninos) nuestras papilas se aprietan, y notamos una sensación áspera y secante.

Un vino se considera armonioso cuando ofrece un perfil **equilibrado** entre acidez y dulzura (con o sin astringencia).

## El peso (cuerpo) del vino

El peso o cuerpo se define por la textura y consistencia del vino sobre nuestro paladar.

- Cuerpo ligero = consistencia de leche descremada.

- Cuerpo medio = consistencia de leche.

- Cuerpo amplio/corpulento = consistencia de crema.

El peso del vino es producto del tipo de uva utilizada en su producción. Por ejemplo, la uva Chardonnay produce vinos de cuerpo amplio mientras que la uva Pinot Grigio produce vinos de cuerpo ligero.

*Importante:*
No confunda un vino de *cuerpo* amplio con un vino de *gusto* amplio.
No confunda un vino de *cuerpo* ligero con un vino de *gusto* ligero.

## Procedimiento de degustación

- Inhale los aromas del vino al girar la copa. ¿Qué aromas se distinguen? ¿Son leves, simples o seductores?

- Tome un sorbo y revuélvalo en su boca mientras respira. Nuestra percepción de sabores está directamente ligada al olfato por vía retronasal, así que al saborear también combinamos el olfato.

- Espere varios segundos antes de tragar el vino. Esto le da tiempo al vino para esparcirse en la boca. Durante esos segundos, note el peso y la textura del vino en su paladar. ¿Es ligero, mediano o corpulento?

- Al tragar el sorbo, note los sabores. ¿Son ligeros, destacados o profundos?

- Note la acidez del vino que crea una sensación jugosa en la boca.

- Note el nivel de dulzura.

- Note si siente una sensación áspera o de astringencia; esto es normal en los vinos tintos que contienen taninos.

¿Existe una sensación de equilibrio en el paladar, donde la acidez y la dulzura (con o sin la presencia de astringencia) conviven juntas armoniosamente?

- Note el final, o la persistencia del vino en su paladar. ¿Es un final corto, mediano o alargado? ¿Cuáles características lo distiguen?

Si después de este primer sorbo le provoca uno más, ¡tiene un vino ganador!

---

El té negro es una bebida no alcohólica que se puede utilizar para entrenar al paladar a distinguir ciertas impresiones del vino. El té negro es tánico y astringente; produce una sensación áspera en el paladar.

Al agregar crema o leche los taninos se disuelven; la impresión en el paladar se vuelve más suave y cremosa.

Al agregar limón, la acidez lo transforma en una bebida jugosa en el paladar.

Al agregar azúcar se observa un toque de dulzura.

---

## Defectos del vino

A veces los vinos presentan defectos que ocurren por varios motivos, tales como el manejo de la vinificación, condiciones de almacenamiento y otros factores.

### Los cinco defectos más comunes

**1. Vino oxidado**

El enemigo #1 del vino es el oxígeno. Al ser expuesto al oxígeno por un periodo de tiempo, el vino pierde su frescura, y se vuelve insípido y rancio.

**2. Vino maderizado**

El calor es otro enemigo del vino. Un vino maderizado ha sido "cocinado" por el calor, casi siempre debido a malas condiciones de guarda. Puede presentar sabores de nueces tostadas.

**3. Vino con sabor a corcho y olor a cartón mojado**

Esto es atribuido a un compuesto llamado Tricloroanisol, o TCA, resultado de la contaminación del corcho.

**4. Vino picado**

Un vino de sabor agrio con olor a vinagre, resultado de un exceso de ácido acético.

**5. Vino sulfuroso**

El azufre es un conservante natural del vino. A veces el vino recibe un exceso de azufre, lo cual produce un olor de cerilla recién apagada. Generalmente, este olor se desvanece al girar la copa y airear el vino.

## Formar una opinión sobre el vino

Después de degustar el vino con todos los sentidos, se forma una opinión. Degustar es una acción dinámica, siempre en proceso de evolucionar.

- **Nuestro gusto es influenciado por el tiempo**
Un vino tendrá un gusto diferente al ser saboreado a las 10 a.m. y otro a las 6 p.m. El primer sorbo de vino del día siempre sufre una desventaja porque nuestro paladar no está preparado. Por eso es recomendable volver a degustar el vino antes de llegar a una conclusión.

- **Nuestro gusto es afectado por el sitio y el clima**
El mismo vino tendrá un gusto diferente mientras viajamos en avión, tomamos sol al lado de la piscina, o cenamos en un restaurante de lujo. Igualmente, un vino nos dará una impresión diferente en verano, invierno o primavera.

- **El gusto del vino está sujeto al humor y temperamento de su degustador**
El vino presentará variaciones si estamos alegres, tristes o cansados.

- **Nuestro concepto de sabor está basado en referencia a otros sabores**
Sin tener previas asociaciones, es difícil asignar un estándar relativo a un vino. Por eso mientras más variedad de vinos probamos, más amplia nuestra capacidad de comparar y contrastar un vino con otros. Si nos acostumbramos a tomar siempre el mismo tipo de vino, nuestro paladar se vuelve atrofiado y se nos dificulta ajustarnos a nuevas sensaciones.

- **Nuestra cultura y prejuicios juegan un rol, al igual que las propagandas**
Los factores externos pueden afectar nuestra percepción sin darnos cuenta.

## Modos de evaluación

Los catadores/críticos profesionales utilizan diferentes tipos de índices para comunicar su opinión del vino.

- La escala de 100 puntos es el método preferido en Estados Unidos, ya que ofrece el mismo sistema de calificación de su sistema escolar.

- La escala de 20 puntos es mas común en Europa y Latinoamérica, también basado en el sistema escolar en sus países respectivos.

- Las escalas de 3 y 5 puntos nos ofrecen el índice más equilibrado, ya que contienen un punto medio del cual se puede desviar por encima o debajo del promedio.

## ¿Son justas las calificaciones?

El vino X obtiene una puntuación de 89/100.

El vino Z obtiene una puntuación de  90/100.

Resultado: el vino Z venderá miles de botellas adicionales por *un solo punto de diferencia*.

Los vinos que se aproximan a los 100 puntos se vuelven artículos de coleccionistas. Muchas veces la demanda no llega a cubrir la oferta, y los precios se disparan súbitamente y dramáticamente.

La practica de ofrecer puntajes precisos para medir un gusto impreciso conduce a conclusiones distorsionadas.

## El mejor crítico de vinos del mundo: ¡usted!

Hay que tomar en cuenta que los gustos individuales de los críticos profesionales no siempre se asemejan a nuestro paladar.

Recomendamos que pruebe varios vinos calificados por diferentes críticos y compare cual de ellos es más afin a su paladar. Utilice las calificaciones de los críticos como una guía, sin obedecer ciegamente.

> Sea su propio crítico.  Su paladar y preferencias son únicas para usted.

## Y ahora, diviértase degustando

Organice una de estas degustaciones sugeridas para aumentar su aprendizaje y deleite.

- *Degustación vertical*
  Se prueban diferentes vendimias del mismo vino. Esto nos ayuda a observar la evolucion de un vino a través del tiempo.  No es obligatorio que las cosechas sean consecutivas.

  *Ejemplo: Vendimias de 1999, 2002,  2006 y 2010 de un vino específico de una misma bodega.*

- *Degustación horizontal*
  Se prueban diferentes de vinos bajo un mismo tema. Esto permite comparar, contrastar y evaluar vinos de un mismo estilo/región/uva/vendimia.

  *Ejemplo 1: Chardonnay de diferentes partes del mundo: Chardonnay de California, de Francia, de Chile y Australia.*
  *Ejemplo 2: Seis vinos tintos de la misma vendimia, todos del área de Margaux en Bordeaux.*

- *Degustación "a ciegas"*
  Se prueban vinos sin saber quien es el productor, el precio o el país de proveniencia.

# 26. COMIDA Y VINO

*"Vino blanco con pescados, vino tinto con carnes"*

¿Le suena familiar el refrán? Aunque es válido, nuestra alimentación no está limitada al pescado y la carne. Además de disfrutar una gran variedad de comidas, cada plato ofrece una multiplicidad de matices.

Al tratar de realzar nuestra experiencia gastronómica a través del vino, vale la pena reflexionar brevemente sobre nuestro propósito.

## ¿Complementar o contrastar?

Existen innumerables opciones que podemos utilizar para combinar un vino con una comida, dependiendo de nuestra meta.

¿Deseamos equilibrio y armonía? Se puede combinar el vino y la comida para que ninguno domine sobre el otro. De esta manera el vino y la comida se complementan armoniosamente.

¿Deseamos contraste y contrapunto? Se puede combinar el vino y la comida para crear un contraste que realza las cualidades opuestas de ambos.

Cabe notar que el placer derivado del vino no está limitado únicamente por su asociación a la comida. Nuestros gustos son influenciados por el ambiente, clima, ocasión, estado de ánimo, invitados y muchos otros factores.

Combinación = maridaje = armonía = mezcla = acorde

## El peso relativo de la comida

*Método de preparación, de ligero a pesado*

Cada comida tiene un "peso relativo" propio. ¿Cómo se determina el "peso relativo" de una comida? No hace falta una báscula — basta con usar el sentido común. Es obvio que un bistec es más pesado que un filete de pescado, y que una pasta con salsa Boloñesa es más pesada que una pasta con salsa de tomate.

Aparte de utilizar el sentido común, la otra clave para determinar el peso de una comida es el método de preparación.

LIGERO

Al vapor

Hervido

Frito

A la sartén /Salteado/A la plancha

Al horno/Asado

Guisado/Estofado

PESADO

A la parilla/Grill

Tomando estos métodos en cuenta, un pescado a la parilla es más pesado que el mismo pescado al vapor.

## El peso (cuerpo) del vino

La textura y consistencia del vino sobre nuestro paladar juegan un rol muy importante al momento de combinar con las comidas.

Cabe notar que el peso del vino no tiene nada que ver con la intensidad del sabor. Un vino ligero de cuerpo puede tener un sabor intenso a la vez que un vino de cuerpo robusto puede tener un sabor ligero.

**Peso (Cuerpo) de Vinos Blancos Sobre el Paladar**

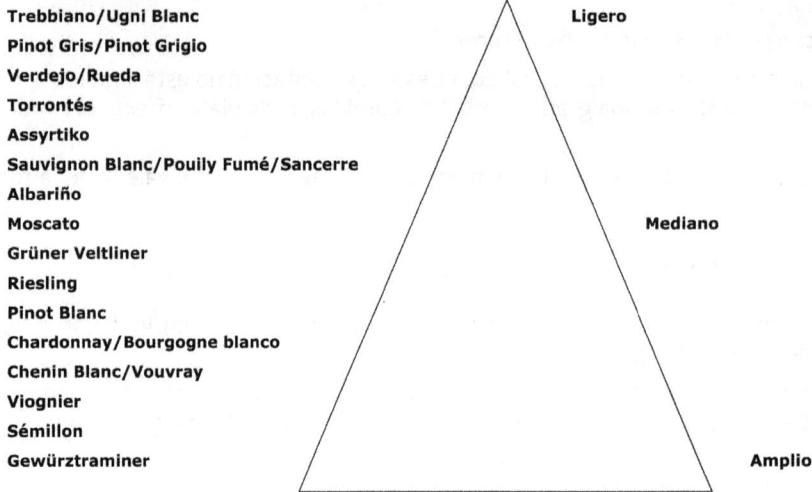

Trebbiano/Ugni Blanc
Pinot Gris/Pinot Grigio
Verdejo/Rueda
Torrontés
Assyrtiko
Sauvignon Blanc/Pouily Fumé/Sancerre
Albariño
Moscato
Grüner Veltliner
Riesling
Pinot Blanc
Chardonnay/Bourgogne blanco
Chenin Blanc/Vouvray
Viognier
Sémillon
Gewürztraminer

Ligero

Mediano

Amplio

**Peso (Cuerpo) de Vinos Tintos Sobre el Paladar**

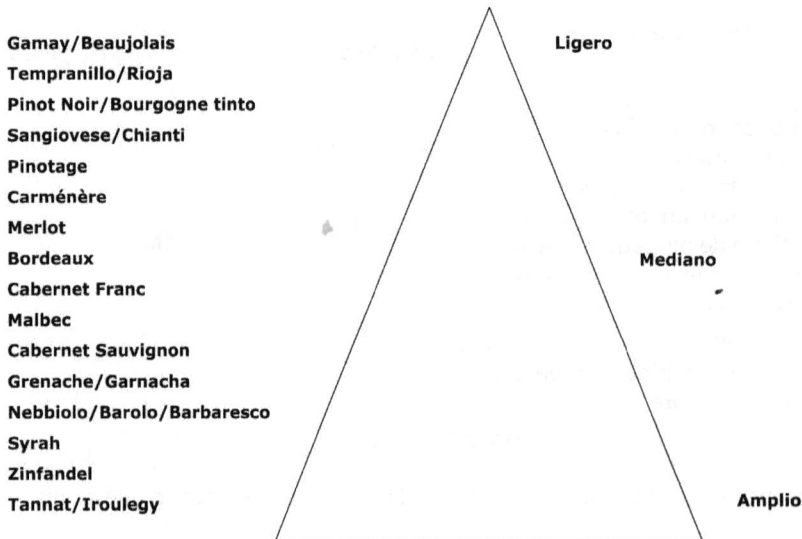

Gamay/Beaujolais
Tempranillo/Rioja
Pinot Noir/Bourgogne tinto
Sangiovese/Chianti
Pinotage
Carménère
Merlot
Bordeaux
Cabernet Franc
Malbec
Cabernet Sauvignon
Grenache/Garnacha
Nebbiolo/Barolo/Barbaresco
Syrah
Zinfandel
Tannat/Iroulegy

Ligero

Mediano

Amplio

## Peso de comida + Peso del vino = Combinación "express"

- Las comidas ligeras armonizan con vinos de cuerpo ligero.

- Las comidas de peso mediano armonizan con vinos de cuerpo medio.

- Las comidas pesadas armonizan con vinos de cuerpo robustos.

## Influencia de ingredientes

Al preparar las comidas, podemos incorporar ingredientes que realzan las cualidades el vino.

### Efecto de acidez
*Acidez + acidez = menos acidez*

Aunque suena contradictorio, la acidez de un ingrediente cancela la acidez del vino. Si una comida contiene limón, vinagre, o tomate fresco requiere un vino con cierta acidez para contrarrestar el efecto de la acidez de los ingredientes.

### Efecto de taninos
Los platos grasos y las carnes rojas se benefician de vinos con taninos ásperos. Los taninos "cortan" la grasa, y a su vez la grasa "derrite" los taninos, lo que provoca una sensación armoniosa en el paladar.

### Efecto de sal, especias y hierbas aromáticas
La sal, especias y hierbas aromáticas ofrecen toques de sabor que realzan el sabor de las comidas. Se recomienda utilizarlas con moderación, ya que en exceso pueden dominar sobre el vino.

### Efecto de crema y mantequilla
Sus componentes grasosos y textura sedosa son ideales para suavizar la acidez y taninos presentes en muchos vinos.

### Efecto de chiles picantes y ajo
Los chiles picantes y el ajo deben ser utilizados juiciosamente, ya que dominan el paladar y alteran el gusto del vino. Las comidas picantes funcionan mejor con vinos de bajo nivel alcohólico y un ligero toque de dulzura.

# VINOS BLANCOS Y COMBINACIONES AFINES

## CUERPO LIGERO/SUAVE

Pinot Gris/Pinot Grigio
Albariño y Vinho Verde
Verdejo/Rueda
Torrontés y Assyrtiko
Trebbiano/Ugni Blanc
Cava y Prosecco

## CUERPO MEDIO

Pinot Blanc
Riesling y Grüner Veltliner
Moscato/Muscat
Sauvignon Blanc/Pouilly Fumé
Bordeaux blanco (seco)
Champagne NV y Rosé

## CUERPO ROBUSTO/AMPLIO

Chardonnay/Bourgogne blanco
Viognier/Condrieu
Chenin Blanc/Vouvray
Gewüztraminer
Sémillon/Bordeaux blanco (dulce)
Champagne Blanc de Noirs y Vintage

## MÉTODO DE PREPARACIÓN

Salteado/Frito/Vapor/Hervido

Asado/Plancha/Horneado/Salteado/Frito

Parrilla/Grill/Guisado/Ahumado

## PESCADOS, CARNES y OTROS

Trucha/Lenguado
Calamares/Almejas
Ostras/Mejillones
Jamón Horneado

Vieiras/Camarones
Halibut/Róbalo/Pargo
Pollo/Pavo
Jamón Prosciutto/Salami

Langosta
Camarones/Langostinos/Cangrejo
Pez Espada/Salmon/Atun
Cerdo/Pato/Pavo

## INGREDIENTES

Tomate
Eneldo/Perejil/Oregano
Cilantro/Culantro
Limón/Lima
Aceitunas/Olivas Verdes

Mantequilla
Albahaca/Tomillo/Hinojo/Anis
Limón/Lima
Alcaparras
Aceitunas/Olivas Negras

Champiñones/Setas
Salsas cremosas
Mantequilla
Mostaza
Curry/Comino/Estragon/Salvia

# VINOS TINTOS Y COMBINACIONES AFINES

## CUERPO MEDIO A ROBUSTO

Cabernet Sauvignon/Bordeaux
Carménère
Merlot
Malbec
Grenache/Garnacha
Xinomavro

## CUERPO ROBUSTO/AMPLIO

Zinfandel
Nebbiolo/Barolo y Barbaresco
Petite Sirah
Syrah/Shiraz
Agiorgitiko y Bonarda
Tannat

## MÉTODO DE PREPARACIÓN

Asado/Plancha/Horneado/Salteado

Parrilla/Grill/Guisado

## PESCADOS, CARNES y OTROS

Cordero
Carne de Res
Cerdo/Pato/Pollo/Pavo

Cordero
Carne de res
Venado/Buey/Salami

## INGREDIENTES

Champiñones/Setas
Salsa/Reducciones
Romero/Salvia
Berenjena/Pimientos

Champiñones/Setas
Pimienta/Especias
Romero/Salsas/Reducciones
Aceitunas Negras

## CUERPO LIGERO A MEDIO

Gamay/Beaujolais
Pinot Noir/Bourgogne tinto
Sangiovese/Chianti
Tempranillo/Rioja
Pinotage
Barbera y Cabernet Franc

Plancha/Salteado/Frito/Vapor

Pollo/Pavo/ Salmon /Atún
Carne de Res
Jamón Horneado/Prosciutto

Champiñones/Setas
Salsa de tomate
Estragón/Tomillo/Salvia
Berenjena/Calabacín

## Comidas étnicas

Las comidas de países que a través de la historia han sido productores de vino (en su gran mayoría, países europeos) son afines a sus vinos ya que estos evolucionaron a la par de su cultura gastronómica. ¡Combinar un vino (Chianti) con una comida tradicional de la misma región (pizza) es fácil!

Las comidas de países sin una cultura de vino a través de su historia (tales como Asia, África y Latinoamérica) contienen elementos agridulces, especias exóticas o utilizan chiles picantes que nos retan al momento de combinar con el vino.

Muchas de estas comidas se acompañan tradicionalmente con cerveza o té, pero hay vinos que se amoldan fácilmente a los platos étnicos.

- Vinos espumosos & Champagne.
- Vinos rosé/rosados.
- Vinos de la uva Chenin Blanc (especialmente los semisecos).
- Vinos de la uva Gewürztraminer.
- Vinos de la uva Riesling.
- Vinos ligeramente dulces y de bajo nivel alcohólico.

## Vinos versátiles

Los vinos que se ajustan a una gran variedad de comidas son aquellos que típicamente no exhiben extremos, ni de acidez ni de taninos.

- Tintos de cuerpo ligero: Pinot Noir, Gamay, Barbera.
- Blancos de cuerpo robusto: Chardonnay, Viognier, Chenin Blanc.
- Rosé/rosados en su mayoría.

## Combinaciones fáciles

- *Vinos rosé/rosados con comidas ligeras*
  Los vinos rose/rosados son versátiles y forman un "puente" para ayudar a pasar de un vino ligero a uno mas intenso.

- *Champagne/Vinos espumosos con frituras*
  La acidez y las burbujas refrescantes cortan la grasa de calamares fritos, pollo frito... ¡hasta de las papas fritas!

- *El modelo tradicional*
  Los vinos blancos con pescado y los vinos tintos con carnes.

## Al momento de decidir: ¡un, dos, tres... y listo!

El proceso de escoger un vino para acompañar una comida puede simplificarse en tres pasos:

1. Empiece con la premisa principal: ¿blanco, rosado, tinto o espumoso?
2. Escoja la variedad de uva o la región de su preferencia.
3. Ajuste su selección basada en el peso de la comida que acompañará al vino.

Si desea, puede seguir afinando la decisión tomando en cuenta más detalles:

¿Prefiere un vino con acidez marcada o ligeramente dulce?

¿Prefiere un vino con taninos o sin taninos?

¿Prefiere un vino joven o añejo?

## Vino y queso: una pareja inseparable

El vino y el queso se disfrutan mejor cuando ambos encuentran su pareja ideal.

- *Peso y armonía*
  Al igual que las comidas, cada queso tiene su "peso relativo." En general, los quesos ligeros armonizan con vinos de cuerpo ligero y los quesos pesados armonizan con vinos corpulentos.

- *Opuestos que se atraen*
  Los quesos salados (tales como los quesos azules) combinan bien con vinos dulzones. Esta combinación disminuye los efectos salados/dulces, mientras realza las otras cualidades del queso y vino.

- *Acidez + acidez = menos acidez*
  Los quesos con acidez marcada (tales como los quesos de cabra) combinan con vinos de acidez marcada. Esta combinación disminuye el efecto de la acidez mientras que realza los aromas y gustos de ambos.

- *Hermandad patriótica*
  Los quesos de un país o una región generalmente combinan bien con los vinos del mismo país o región (tal como el queso Manchego y el vino Rioja).

## Consejos para servir quesos

Los quesos de elaboración artesanal (fabricados con métodos tradicionales sin ingredientes artificiales, químicos ni conservantes) ofrecen calidad, sabores únicos y beneficios nutritivos que no figuran en los quesos industriales de fabricación en masa.

- Sirva los quesos a temperatura ambiente; remuévalos del refrigerador por lo menos una hora antes de servir.

- Coloque los quesos sobre el plato (o la tabla) en orden ascendente de sabor y textura, comenzando por los frescos/suaves, seguidos por los semiduros, duros y añejos. Los quesos azules siempre se disfrutan al final.

- Acompañe los quesos con pan, galletas, nueces, frutas secas o miel.

# QUESOS Y VINOS

**Quesos frescos y de leche de cabra** – Burrata, Ricotta, Feta, Chèvre y otros quesos de cabra
BLANCOS: Sauvignon Blanc, Chenin Blanc, Pinot Grigio, Assyrtiko, Torrontés, Trebbiano, Albariño, Verdejo, Riesling, Grüner Veltliner
TINTOS: Beaujolais, Barbera, Pinot Noir/Bourgogne, Pinotage

**Quesos cremosos** – Brie, Camembert, St. André, Brillat-Savarin, Explorateur, Queso Guayanés, Mozzarella
BLANCOS: Champagne y vinos espumosos, Sauvignon Blanc, Torrontés, Pinot Grigio, Albariño, Grüner Veltliner, Soave
TINTOS: Barbera, Beaujolais, Pinot Noir/Bourgogne

**Quesos semi-suaves** – Gouda, Edam, Havarti, Monterey Jack, Jarlsberg, Kasseri, Manouri, Provolone, Fontina, Queso Blanco, Queso Criollo
BLANCOS: Chardonnay, Chenin Blanc, Sauvignon Blanc, Riesling
TINTOS: Pinot Noir/Bourgogne, Tempranillo/Rioja, Sangiovese/Chianti, Barbera, Merlot, Pinotage

**Quesos semi-duros** – Manchego, Cheddar, Pecorino, Provolone, Asiago, Montasio, Gruyère, Emmenthaler, Comté
BLANCOS: Chardonnay, Chenin Blanc, Riesling, Grüner Veltliner, Viognier
TINTOS: Tempranillo/Rioja, Sangiovese/Chianti, Agiorgitiko, Grenache, Syrah/Shiraz, Cabernet Sauvignon/Bordeaux, Malbec

**Quesos duros** – Gruyère añejo, Gouda añejo, Parmigiano-Reggiano, Cotija, Tête de Moine
BLANCOS: Chardonnay, Viognier, Sémillon, Chenin Blanc/Vouvray, Gewürztraminer, Jerez Oloroso, Madeira
TINTOS: Zinfandel, Barolo/Barbaresco, Amarone, Syrah/Shiraz, Petite Sirah, Bonarda, Tannat, Priorato, vinos del Rhône, Oporto

**Quesos de corteza lavada** – Port Salut, Epoisses, Livarot, Muenster, Taleggio, Saint-Nectaire
BLANCOS: Chardonnay/Bourgogne, Gewürztraminer, Riesling, Chenin Blanc/Vouvray, Sauternes y otros vinos de cosecha tardía
TINTOS: Pinot Noir/Bourgogne, Barbera, Beaujolais

**Quesos azules** – Roquefort, Gorgonzola, Stilton, Cabrales, Bleu d'Auvergne y otros quesos azules
BLANCOS: Gewürztraminer, Riesling, Jerez Pedro Ximenez/Oloroso, Sauternes y otros vinos de cosecha tardía
TINTOS: Zinfandel, Oporto, Petite Sirah, Priorato, Tannat, vinos del Rhône, Amarone

NOTA: Los vinos rosé/rosados combinan con quesos frescos, quesos de cabra, y quesos semi-suaves

## Vino y postres: *"la dolce vita"*

Los vinos dulces pueden disfrutarse por su cuenta o pueden combinarse con postres afines.

- *Peso y armonía*

  Al igual que las comidas, cada postre tiene su "peso relativo." En general, los postres ligeros armonizan con vinos de cuerpo ligero y los postres pesados armonizan con vinos corpulentos.

- *Nivel de dulzura*

  El vino debe ser más dulce que el postre. Si el postre es más dulce que el vino, el paladar se empalaga y los sabores de ambos se diluyen.

- *Color*

  Aunque hay excepciones, en general los postres claros se sirven con vinos claros y los postres oscuros se sirven con vinos oscuros.

- *Acidez + acidez = menos acidez*

  Los postres con ingredientes ácidos (tales como frutas y cítricos), se combinan con vinos dulces con niveles altos de acidez.

# POSTRES Y VINOS

**Postres con bayas frescas: fresas, frambuesas, moras negras, moras azules, arándanos, cerezas y otras**
*Moscato, Moscato d'Asti, Champagne demi-sec, Prosecco, Oporto Ruby*

**Postres con frutas secas: pasas, durazno, dátiles, higos y otras**
*Oporto Tawny, Jerez Oloroso, Madeira*

**Postres con nueces, avellanas, cacahuetes/maní, almendras, pecan, pistachos, macadamia**
*Madeira, Jerez Pedro Ximénez, Jerez Oloroso, Oporto Tawny*

**Postres con manzanas, peras y kiwi**
*Moscato, Moscato d'Asti, Eiswein/Icewine, Sauternes y otros vinos de cosecha tardía*

**Postres con frutas tropicales: mango, piña, plátano/banano, papaya, coco, parchita/maracuyá, guava/guayaba**
*Moscato d'Asti, Eiswein/Icewine, Sauternes y otros vinos de cosecha tardía*

**Cheesecake/torta de queso, flan, natilla, arroz con leche, bienmesabe, crema catalana, crème caramel, dulce de leche**
*Moscato, Oporto Tawny, Jerez Oloroso, Eiswein/Icewine, Sauternes y otros vinos de cosecha tardía*

**Tartas de lima, limón, naranja y otros cítricos**
*Moscato, Eiswein/Icewine, Sauternes y otros vinos de cosecha tardía*

**Chocolate de leche**
*Merlot, Oporto Ruby, Madeira, Jerez Pedro Ximénez*

**Chocolate oscuro/amargo/semi-amargo**
*Zinfandel, Syrah/Shiraz, Cabernet Sauvignon, Mavrodaphne, Commandaria, Oporto, Banyuls*

# 27. PRECIO Y COMPRA DEL VINO

El precio del vino es un tema polémico, ya que es difícil valorizar correctamente un producto que ofrece múltiples variaciones tenues y es susceptible a gustos personales.

¿Por qué una botella de vino cuesta $10 y otra cuesta $100?

¿Acaso el vino que cuesta $100 es 10 veces mejor que el vino que cuesta $10?

¿Cuál es la diferencia entre un vino barato y un vino caro?

Hay muchos factores que contribuyen al precio de una botella de vino. Al observar los costos que se suman, hay que tomar en cuenta todas las variaciones posibles.

## Costos de producción

- Precio de uvas.
- Precio del terreno/bienes raíces.
- Mano de obra:
  - Personal de viticultura (agricultura).
  - Enólogo y personal de producción.
  - Personal de ventas.
  - Persona de publicidad y mercadeo.
  - Personal administrativo.
- Vinificación:
  - Maquinaria (compra/renta+ reparaciones).
  - Utilidades (electricidad, agua, otras).
- Barriles.
- Botella de vidrio.
- Corcho o capsula.
- Etiqueta (diseño + fabricación/impresión).
- Pólizas de seguro.
- Financiamiento.
- Mercadeo y Publicidad (incluye donaciones de vino para eventos de caridad).

## Costos agregados después de la producción

Ejemplo en cifras aproximadas

*Una caja de vino (12 botellas) español importado al estado de Florida, Estados Unidos.*

Precio de la caja en el puerto de España: €57 @ 1.40 euros por 1 dólar = $80 = $6.66 por botella.

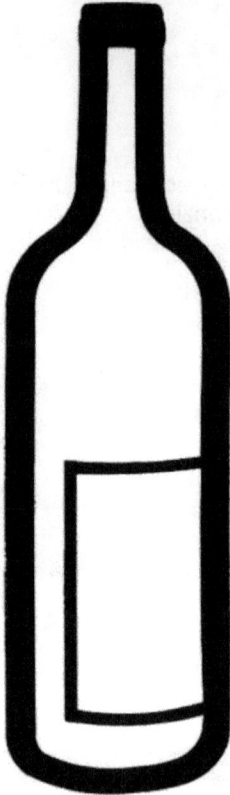

$80 (caja) = **$6.66 POR BOTELLA**

+ $8.00         transporte/cargo y seguro

+ $5.35         impuesto del estado de Florida

+ $3.44         impuesto federal de Estados Unidos
------------------
$96.79

+ $29.03   ganancia del importador (25% - 35%)
------------------
$125.82

+ $37.74   ganancia del distribuidor (25% - 35%)
------------------
$163.56

+ $65.42   ganancia de la tienda de vinos (25% - 40%)
                   hasta 75% en restaurantes
------

$229 (caja) = **$19.08 POR BOTELLA**

## Factores adicionales que afectan el precio del vino

- *Edad de la viña*
  Mientras más viejas las viñas, más complejo y concentrado el vino — y más costoso.

- *Rendimiento de la viña*
  Mientras más bajo el rendimiento, más costoso el vino.

- *El prestigio y la localización del viñedo*
  Ciertos *terroir* tienen fama por su historia de producir vinos de excelente calidad.

- *Reputación del productor/enólogo*
  ¿Conoce el refrán, "cría fama y acuéstate a dormir"? Un vino producido por un enólogo famoso o una bodega famosa mantiene un precio elevado por simple fama.

- *Año de vendimia*
  Si el año de la cosecha ha sido declarado "óptimo" por los críticos, el precio de los vinos cosechados en ese año es elevado.

- **Tipo de uva**
  Hay uvas difíciles de cultivar porque son delicadas y susceptibles a variaciones climáticas y a diferentes plagas.

- **Cosecha a mano**
  Los viñedos trabajados por personas en vez de maquinas (dígase tractor) tienen costos más altos, los cuales deben ser pasados al consumidor. Aunque resulta más costoso, cosechar a mano ofrece una calidad selectiva.

- **Calificaciones y puntuaciones/comentarios de críticos y publicaciones**
  Estas pueden elevar o rebajar el precio del vino.

- **Moda y tendencias**
  Hay vinos que se vuelven populares por estar figurados en películas, por estar ligados a celebridades, o simplemente por estar "de moda".

- **Ley de oferta y demanda**
  Mientras más demanda por un vino y más limitada su producción, el precio se dispara.

## Costo y percepción

Nuestras expectativas de un vino — como cualquier otro producto — suben a la par de su precio.

Varios estudios han demostrado que nuestra percepción de un vino es afectada por su precio, induciéndonos a creer que un vino costoso nos gusta más que uno a precio económico. Sin embargo, un mayor precio no es garantía de un mejor vino. En el mercado existen una gran cantidad de vinos con excelente relación calidad-precio.

## ¿Qué se puede esperar de vinos a distintos precios?

A continuación le ofrecemos una sinopsis muy generalizada. ¡Recuerde que hay excepciones para todo!

- **Menos de $8 la botella**
  Vinos elementales cuyo gusto está marcado más por el alcohol que por otras cualidades.

- **$8 a $15 la botella**
  Vinos de características agradables y distinguidas.

- **$15 a $35 la botella**
  Vinos que ofrecen riqueza de aromas, concentración de sabores, y una personalidad bien definida que evoluciona en el paladar. Se puede notar la influencia del lugar de proveniencia.

- **$35 la botella en adelante**
  Vinos que ofrecen una experiencia sublime: gran variedad de aromas y sabores entrelazados con matices sutiles del lugar de proveniencia. Se distinguen por su elegancia, estructura estilizada y perfil equilibrado. Las expectativas crecen con el precio.

## Consejos útiles para comprar y disfrutar vinos

- Antes de salir de compras, haga su tarea: investigue y prepare un "plan de ataque." Use el Internet para encontrar ofertas.

- Establezca una relación con tiendas de vinos/licorerías en su vecindario. Conozca los vendedores; a través del tiempo, ellos se familiarizaran con sus gustos y podrán ayudarlo a escoger vinos. Si desea ser atendido de manera más personal, evite las tiendas de vino los viernes y sábados, ya que son los días de más afluencia.

- Pruebe antes de comprar. Además de participar en degustaciones gratis ofrecidas en muchas tiendas de vino, ordene vinos "por copa" en los restaurantes. Participe en ferias de vino cuando llegan a su ciudad; generalmente se paga un precio de entrada y se pueden probar una gran variedad de vinos.

- Aproveche las ofertas que aparecen durante ciertas épocas del año: vinos espumosos durante la Navidad y Año Nuevo, vinos blancos y rosados en el verano, vinos fortificados en invierno.

- Compre vinos por caja (12 botellas). La mayoría de los comerciantes ofrecen un descuento al comprar una caja mezclada de 12 vinos.

- Evite comprar (o no comprar) un vino únicamente basándose en las puntuaciones otorgadas por los críticos. No se deje influenciar por el paladar de otros.

- Cada vino costoso tiene su pareja económica... ¡búsquela! Ejemplo: Si le gusta la Champagne francesa pero su presupuesto es limitado, puede disfrutar de otros vinos espumosos (Cava española o Prosecco italiano) a precios más económicos.

- Cada vez que pruebe un vino, anote sus datos y añada una descripción. Esto le ayudará a grabar sus memorias de gustos y sabores, entrenará su paladar, y tendrá un excelente fuente de referencia para ir de compras.

- Sea aventurero(a). Salga de su rutina y evite comprar el mismo vino de siempre. ¡La variedad es el condimento de la vida! Además, si siempre toma el mismo vino, su paladar se vuelve condicionado y atrofiado. Experimente con vinos de uvas y regiones menos acostumbradas tales como el Tannat de Uruguay o Agiorgitiko de Grecia. Su paladar le agradecerá.

- Para distinguir una botella de vino seco de un vino dulce o ligeramente dulce, busque la indicación del grado alcohólico en la etiqueta; casi siempre esta impreso en letras tan pequeñas que son prácticamente ilegibles sin una lupa. Si el grado alcohólico es de 10% o menos, el vino es dulce. Entre 10% y 12% es ligeramente dulce. Si es mayor de 12% el vino es seco. Evite los vinos secos de grado alcohólico mayor de 13.5% ya que el efecto de alcohol predomina sobre los aromas y sabores.

- Después de comprar el vino, disfrútelo dentro de un periodo de tiempo razonable. Hay personas que guardan una botella de vino perpetuamente, descartando una tras otra oportunidad de abrirla, esperando una ocasión especial que nunca llega. Recuerde que cualquier momento puede volverse una ocasión especial al abrir la botella de vino. ¡Hay que crear esos momentos y no esperar que lleguen por su cuenta!

# SOBRE EL AUTOR

Athena Yannitsas, consultora de vinos a nivel internacional, era profesora de vinos en Florida International University Miami-Dade College. Proveniente de Caracas, Venezuela, Yannitsas ha cultivado una carrera en el mundo de vinos y gastronomía en Estados Unidos y Europa trabajando para el chef Alain Ducasse en el Hotel de Paris (Mónaco), Wines From Spain (Miami), Biltmore Hotel & Spa Resort (Miami), Wine News (Miami), American Center for Wine, Food & Arts-COPIA (California) y varias entidades culturales. Sus artículos sobre el vino han sido publicados en las revistas *The Economist, Wine News, Éxito, South Florida Gourmet, Hispanic, South Florida Times y Decanter*. Yannitsas se graduó de Boston University con un B.A. en Economía y Relaciones Internacionales, y cursó estudios de francés en la Universidad de Paris-Sorbonne Nouvelle. Domiciliada en Florida, Estados Unidos, Yannitsas es *Certified Wine Specialist* y miembro del *Society of Wine Educators*.

www.ingramcontent.com/pod-product-compliance
Lightning Source LLC
Chambersburg PA
CBHW062111090426
42741CB00016B/3391